梦山书系

我在俄罗斯教书

黄瀞　秦望 ◎ 著

海峡出版发行集团 | 福建教育出版社

图书在版编目（CIP）数据

我在俄罗斯教书/黄瀞，秦望著. —福州：福建教育出版社，2020.9
ISBN 978-7-5334-8777-5

Ⅰ. ①我… Ⅱ. ①黄… ②秦… Ⅲ. ①基础教育－概况－俄罗斯 Ⅳ. ①G639.512

中国版本图书馆CIP数据核字(2020)第102047号

Wo Zai Eluosi Jiaoshu

我在俄罗斯教书

黄瀞 秦望 著

出版发行	福建教育出版社
	（福州市梦山路27号 邮编：350025 网址：www.fep.com.cn）
	编辑部电话：010-62027445
	发行部电话：010-62024258 0591-87115073）
出 版 人	江金辉
印 刷	福建东南彩色印刷有限公司
	（福州市金山工业区 邮编：350002）
开 本	710毫米×1000毫米 1/16
印 张	14.25
字 数	192千字
插 页	1
版 次	2020年9月第1版 2020年9月第1次印刷
书 号	ISBN 978-7-5334-8777-5
定 价	36.00元

如发现本书印装质量问题，请向本社出版科（电话：0591-83726019）调换。

序 言

你可能不知道的，被严重低估了的俄罗斯基础教育

在网上看到一则报道："包括华为在内的很多世界一流企业都在俄罗斯抢人才，尤其是数学人才。华为花了5 000万美元收购了一家莫斯科安防公司，其实主要就是看重了该公司拥有为数众多的数学家。"

"抢人也得去美、欧、日抢，怎么也轮不到去俄罗斯抢啊！"在国人的印象中，俄罗斯除了军工，其他方面，尤其是经济，已沦落到二流国家了，经济总量略高于广东省。"跟他们有什么好学的？"

如果你去百度用关键词"X国教育"搜索，得到的链接数据为：美国约98 700 000个，英国约50 300 000个，日本约40 100 000个……韩国约20 400 000个，俄罗斯约19 700 000个，新加坡约18 100 000个。由此可见，较之欧、美、日等发达国家，国人对俄罗斯教育兴趣可见一斑。

一个偶然机会，《德育报》报社组织暑期自费俄罗斯教育考察团，我敬佩的张国宏社长邀我同去，我欣然前往。欧、美、日教育，关注的人多如过江之鲫，不缺我一个。但国人对俄罗斯教育知之甚少，所以我有必要去看看。

考察团向莫斯科548学校赠送"爱满天下"条幅

2018年7月21日至29日的俄罗斯之行,让我大开眼界,使我对俄罗斯教育有了全新认识。考察团一行参观考察了莫斯科548学校和彼得格勒540学校,以及诸多教育场馆。我们对俄罗斯的"选课走班"早已司空见惯,除此之外,俄罗斯的艺术教育、科学教育、营地教育居世界领先地位,社团活动也十分丰富,而民众发自内心、言之于表的民族自豪感更是俄罗斯爱国主义教育非常成功的明证。

考察团一行四人和圣彼得堡540学校校长合影

改革开放后,我们一直向西看,学习先进,这没错,中华民族一直是个好学的民族。

其实,俄罗斯的教育在某些方面也是领先于我国的,我们也有必要向北看一看,学一学。被欧美制裁多年的俄罗斯经济困难,由于福利丰厚,对民众的影响并没有我们想象的那么大。他们热爱自己的国家,对俄罗斯民族有着深深的自豪感。

反观我们,与俄罗斯相比,我们的教育在某种程度上缺少对国家和民族的认同感,缺少历史悠久大国的文化自信。经济高速发展了,相当一部分"知识精英"的精神却沦落了,"精美""精日""精欧""精韩",诋毁自己的民族英雄,不遗余力;讴歌欧美丑观陋行,以此为荣。教师群体中也有部分人深受污染,他们就是用这样的自我矮化观念教育着影响着下一代,何其可怕。

考察前后,我做了大量资料收集工作,回来之后,我便萌生了写一写俄罗斯基础教育的冲动。然而落笔才知,短暂的考察,犹如雾里看花,真正的俄罗斯基础教育到底什么样儿?

于是我和莫斯科华人华侨联合会主席黄瀞女士取得了联系。我们的俄罗斯教育考察之行是受"欧亚教育文化中心(俄罗斯)"总经理黄瀞女士邀请并由她亲自陪同完成的。黄瀞女士早年毕业于北师大中文系,在俄罗斯生活25年、教授中文15年,可以说是个俄罗斯教育通。于是,我跟黄女士谈了我的想法,由我拟写作提纲,她按我的提纲去查阅俄文资料,观察、访谈,记录自己的教师生活,两人合作写一本关于俄罗斯基础教育的书。结果,一拍即合。写作过程中,我们着力以真人真事为"原料"来编织故事,以俄罗斯权威网站、报刊资料为信息佐证,力图让读者在轻松愉悦的阅读体验中去感知俄罗斯基础教育。

我们从俄罗斯的学生、教师、学校、教育四大方面设计本书内容,就中国教育人关心的在俄罗斯的我国小留学生;俄罗斯学生的考试,选课走班,业余生活;教师的学习、工作(包括班主任工作),以及教师的待遇、职称评定;俄罗斯的营地教育、爱国教育、社会实践，以及家校合作等展开叙述。本书希望通过对比俄罗斯与我国的基础教育，使读者读有所获、学以致用。

我们相信，中俄教师协力合写的这本小书，会比单纯的考察日记或理论著述更具体、更鲜活、更清楚、更深入。我们尽力了，希望通过这本书帮助同仁们更全面、切实地了解俄罗斯的基础教育；但我们的认知有限，疏漏之处在所难免，敬请多多指导。

邮箱：726801809@qq.com，huangjingmoscow@hotmail.com

期待您真诚的反馈！

秦望
2020年5月1日

目录

第一章 俄罗斯的学生

第一节 莫斯科的中国小留学生 / 003

第二节 俄罗斯学校的考试 / 008

第三节 俄罗斯学校的作业 / 017

第四节 俄罗斯学生的奥林匹克竞赛 / 020

第二章 俄罗斯的教师

第一节 我在莫斯科教中文 / 029

第二节 俄罗斯的中小学教师读什么 / 047

第三节 我的邻居——班主任阿克桑娜的一天 / 051

第四节 俄罗斯的班主任 / 057

第五节 俄罗斯学校的教师级别及认证 / 069

第六节 俄罗斯学校教师的荣誉称号 / 074

第七节 俄罗斯的教师培训 / 078

第八节 俄罗斯教师的薪酬和休假 / 081

第九节 俄罗斯中小学教师的业余生活 / 086

第三章 俄罗斯的学校

第一节 俄罗斯教育机构种类 / 095

第二节 俄罗斯中小学校的管理机构 / 100

第三节 俄罗斯学校如何开会 / 105

第四节 俄罗斯中小学的学制、课程设置及其标准 / 107

第五节 俄罗斯的补充教育（第二课堂）/ 120

第六节 俄罗斯的数字学校 / 129

第七节 俄罗斯学校的选课走班 / 134

第四章 俄罗斯的教育

第一节 俄罗斯的教育改革 / 145

第二节 俄罗斯中小学的家庭教育 / 154

第三节 俄罗斯中小学的家校合作 / 163

第四节 俄罗斯中小学的爱国主义教育 / 170

第五节 俄罗斯中小学的社会实践活动 / 175

第六节 世界最强的俄罗斯营地教育 / 184

参考资料 / 201

第一章

俄罗斯的学生

第一节 莫斯科的中国小留学生

和在莫斯科各大学院学习的中国大留学生相比，在莫斯科各中小学校学习的小留学生非常少见，十所中小学里也很难见到一个中国学生。

应该说，经过二三十年的沉淀，一部分华人华侨在俄罗斯联邦（以下简称"俄罗斯"）站稳了脚跟。随着他们生活和工作的逐渐稳定，他们的子女——在俄罗斯学习的中国小留学生比以前还多了一些，但无论如何，这些中国小留学生还构不成一个群体。

一、在俄罗斯的中国小留学生的去与留

（一）为何在俄罗斯的中国小留学生留不住

俄罗斯留不住中国小留学生的原因是什么呢？我认为最主要的是：俄罗斯不是移民国家。未成年人一般都是随父母迁移的——父母走到哪里，孩子就跟到哪里。如果父母无法在俄罗斯长期居住，无法像欧美国家的中国人那样正式移民、入籍，然后一代一代地长期生活下去，那么，孩子们当然也不会安定下来。

例如，在俄罗斯的中国个体商人或者打工者，他们到俄罗斯来就

是为了做生意赚钱，没有长住俄罗斯的打算。所以，他们根本就不会把孩子带到俄罗斯，他们或者把孩子留给妻子照顾，或者把孩子留给老人看护。

而有些个体商人即使把孩子带在身边，但由于他们没有长住的打算，所以，也没计划让孩子在俄罗斯长期学习，往往是孩子在俄罗斯上了几年学就被送回国内。因为家长认为无论如何孩子将来是要在中国发展的，他们担心孩子在俄罗斯上学时间长了跟不上中国学校的教学进度和节奏，适应不了未来在中国的学习和就业。

还有一种情况，即父母是国家公派到俄罗斯来工作的，一般都有相应的工作期限。在俄罗斯工作的期限内，孩子暂时随父母在俄罗斯学习，一旦工作期满，大人孩子就一起回国了。

（二）哪些中国小留学生能留在俄罗斯学习

众所周知，俄罗斯的音乐艺术教育是世界一流的，但在音乐、艺术学校学习的费用比起在欧美学校却便宜得多。因此，有些有志学习音乐、艺术的中国孩子专门考取俄罗斯相关的音乐、艺术学校学习。我认识一位这样的妈妈，为了让女儿能够考上专业芭蕾舞学校，天天陪着女儿在普通学校放学后去芭蕾舞学校练功，最后，功夫不负苦心人，她的女儿终于考取了俄罗斯著名的芭蕾舞学校。这就意味着，她将选择芭蕾舞作为自己未来的职业，并在俄罗斯艺术院校完成学业。我还认识另外一个女孩儿，她在国内时钢琴就已经弹得很不错了，但她还是只身来到莫斯科，在柴可夫斯基学院附中系统学习钢琴演奏，成为在俄的中国小留学生的一员。

也有不少中国夫妇，他们是在俄罗斯相识、相爱，然后组建家庭的，他们的孩子是在俄罗斯出生长大的。这类父母即使不能移民，但多年的打拼也有了相对稳定的工作，他们没有回国居住的打算，因此他们会让自己的孩子从幼儿园开始就在俄罗斯学习，我们所说的中国小留学生基本都来自这一类家庭。

还有一些夫妇，他们是个体商人，生意做得比较成功，可以说，他们是在俄罗斯立业了。业大了，自然就考虑到安家问题，所以他们就把孩子从中国接过来，在俄罗斯学习、生活。我认识的一位朋友，他在俄罗斯生活了将近20年。一开始是和妻子一起打拼，后来他们有了两个孩子，为了工作方便，妻子就回国带孩子了。我的这位朋友生意越做越好，而且非常稳定，就在两年前把孩子、妻子都接到莫斯科来生活了。他的一对儿女一个刚开始上小学，一个已经上中学了。

二、在莫斯科的中国小留学生

笔者所讲的这几个小留学生都是身边华人的孩子。在征得他们的父母同意后，我得以在这里为读者介绍他们在俄罗斯的学习情况。

（一）彼得，14岁，现在上7年级

彼得的爸爸妈妈以前在上海工作，家也在上海。一次偶然的机缘，夫妇一起来到了莫斯科，并从此爱上了这里，他们决定在莫斯科做一番事业。彼得是在莫斯科出生的，但他1岁时就回到了上海。他妈妈说这样做是为了让孩子了解中国传统文化，把中文学好。他在中国上完了3年级。在中国上学期间，他利用假期学习了俄语，算对俄语有了一点儿概念。之后，他随母亲来到莫斯科与父亲团聚，一家三口开始了其乐融融的生活。彼得因为语言的关系，在莫斯科的学校从2年级开始插班学习。中国孩子的数学一般情况下都比俄罗斯孩子的好，所以除了俄语，上学没什么压力。彼得的爸爸每天晚上都帮孩子辅导俄语，一家人还经常在晚餐时做俄语接龙游戏。这样，彼得的俄语很快就跟上学习进度了。

彼得像妈妈一样，很喜欢音乐，他在国内时就已经取得了钢琴六级的证书。来到莫斯科后，经过努力，彼得考入了一所音乐学校。说到考试还非常有趣：他第一次考试时弹了一曲《梁祝》，但没有通过。因为音乐学校是按照严格的音乐标准测试学生的，这里的考试需要弹奏巴赫等名家的作品。为了考上音乐学校，妈妈带着彼得到一位有钢

琴的朋友家（当时他们还没有钢琴）练了两个星期老师指定的作品，然后再去考，彼得终于如愿以偿。音乐学校是免费的，7年制，毕业时授予证书。老师辛勤地付出，没有一点儿商业气息——这是彼得妈妈说的。彼得每天下午3点从普通学校放学，5点赶去上音乐学校的课，每周4次，时间的确比较紧张，但他安排得很好，有时还有时间玩一会儿电脑游戏。彼得是个有天分又勤奋的孩子，最后在音乐学校以全优的成绩获得了红色毕业证。60名毕业学生，只有6人获得了红色毕业证，其中有两个中国男孩儿，一个来自大陆，一个来自台湾，其他都是俄罗斯女孩儿。彼得与其他学生合作演奏的柴可夫斯基第一钢琴协奏曲还在"普希金青年艺术节"上获得了钢琴单项比赛冠军。

我问彼得的妈妈，彼得喜欢和中国孩子玩儿，还是喜欢和俄罗斯孩子一起玩儿。他妈妈说，彼得似乎跟中国孩子玩得更好。他有一个非常要好的俄罗斯小朋友，但和其他的俄罗斯同学关系就一般了，不像和中国孩子那样亲近。

彼得是个全面发展的孩子，他在课余时间和同学们一起打篮球、排球、乒乓球，舞跳得也不错。华人学校的小型音乐会，视频剪辑都由他做。彼得的志向并非做个钢琴家，而是要学习物理学。他现在正在积极努力，打算考取鲍曼学院的附属中学，希望将来能在鲍曼学院上大学。

（二）老大和老二

老大和老二两个都是男孩儿，老大13岁，上6年级，老二11岁，上5年级。我见到他们，是在一次华人演出之前彩排的时候。那可能是三四年前了，他们还小，一正式走台就紧张，结果总是走一顺边儿，可爱的样子给我留下了比较深刻的印象。他们的母亲来自新疆，父亲是山东人，夫妇俩是在俄罗斯相识、相爱，然后结婚的。所以这俩孩子是莫斯科生，莫斯科长。他们的俄语很好，中文目前是中国小学4年级学生的水平，每周六、日他们会在一家华人办的中文学校学习中文。老大和老二就像俄罗斯孩子一样，随着年龄的增长，依次上幼儿园、小学、中学；同时，他们也在音乐学校学习合唱和弹钢琴。每年暑假回国一次，他们一家既要去新疆也要去山东。他们的爸爸妈妈是要在莫斯科长期住下去的，对于老大、老二来说，莫斯科的家就是家，相比之下，他们对俄罗斯的了解比对中国的了解更多些。但是由于父母都是中国人，而且平常交往的圈子也大多是中国人，这俩孩子也是和中国孩子在一起比较放得开。

（三）彬彬和燕子

彬彬是我的一个女朋友的女儿，燕子是另一个女朋友的小妹妹。这两个女朋友生意都做得不错，她们都在莫斯科安家了。彬彬和燕子来到莫斯科的时候都已经14岁了，对于她们来说，学习俄语是最难的。从中国过来的学生在莫斯科上学，英语、数学、物理等学科都还应付得了，常常是比同级的俄罗斯学生还好些，但从零开始学习俄语，还要能用俄语听课真不是一件容易的事情。她们都是从原来的学段降了两级开始学习的。所幸，这两个孩子都非常努力，夜以继日地补习俄语，一年以后，她们终于都能用俄语听课和完成作业，并且彬彬还经常辅导班上的同学数学。后来，她们先后考上了莫斯科的大学，留在莫斯科继续深造。

俄罗斯中国小留学生的现状就是：他们的数量不是很多，也不是那么被人关注，但一直都存在着。最近我听到的一个关于中国小留学生的最好的消息是，2019年的全俄汉语奥林匹克竞赛，一位8年级的中国女生获得了第一名，而且几乎所有优胜者（虽然不是第一、第二、第三名，但也是获胜的称号，依然能够获得荣誉和奖金）都是中国孩子。这也可以说是中国的小留学生在俄罗斯生根、发芽、开花结出的硕果了。

第二节 俄罗斯学校的考试

一、俄罗斯考试概说

在俄罗斯，对于中学的老师和学生来说，有4个缩写词被深深地印在他们的脑子里，这4个词代表的意思是：国家最终认证书GIA、基础国家考试OGE、国家统一考试EGE和国家毕业考试GVE。它们指的都是什么呢？它们之间的关系又是怎样的？

国家最终认证书GIA即毕业证。获取基础教育毕业证书即初中毕业证需要通过基础国家考试OGE；获取中等教育毕业证书即高中毕业证需要通过国家统一考试EGE。

基础国家考试OGE，相当于国内的中考，9年级的学生参加。考试合格的学生将得到一个最终认证的基础教育证书。获得这个证书后，学生可以选择去中等专业的学校或者学院学习，或者继续读10~11年级，也就是继续高中的学习。

笔者的邻居塔齐娅娜和谢尔盖是同龄人，他们上中学时曾经在一个班学习，但是在9年级中考之后，他们分开了。塔齐娅娜去了师范学校，而谢尔盖留在学校继续10~11年级的学习。

国家统一考试EGE，即高考，11年级的学生参加，考试合格的学生将得到国家最终认证的中等教育证书，并被大学录取，继续高等专业的学习。

特别要说明的是第四个词，即国家毕业考试GVE：无论是9年级的中考，还是11年级的高考，与之并行的还有一种考试即国家毕业考试GVE，这是为特殊人群设定的一种特殊的考试。参加国家毕业考试的学生是下列这四种类型的学生：残疾学生，包括盲、聋哑、发育迟滞等学生；关押在管教所里的学生；专业惩教寄宿学校的学生；在国外生活但完全按照俄罗斯教育系统学习的俄罗斯学生。

下面我们具体谈一下最主要的两种考试：中考和高考。

二、基础国家考试OGE——中学毕业考试

（一）申请参加中考的必要条件

申请参加中考的必要条件包括：护照和国家养老保险个人账户卡。

这里要说明的是，在俄罗斯，满14岁的孩子就必须申请办理护照——其实就是身份证。在目前的俄罗斯，人们同时持有国内用护照和出国护照两种护照。

国家养老保险个人账户卡是在办理国内护照的同时就办理的，是独一无二的，只属于一个人的经历证明。在该公民一生的工作期间，雇主评估和支付的所有保险缴款数据都被输入这个账户，在分配抚恤金或者计算退休金时以此为依据。与之相应的保险号是为了简化程序和加快向被保险人发放劳动退休金的程序而设置的。

（二）中考科目

中考学生的年龄：年满14岁。

必考科目：俄语和数学。

俄语和数学是中考的必考科目，但是要获得基础教育证书，必须参加4个科目的考试并且全部合格，另外两个科目考生可以自由选择

但选择的前提一般是下一步学习的目标或方向。

可供选择的科目有：文学、物理、化学、生物、地理、历史、社会科学、信息学和通信技术、外语（英语、法、西班牙、德语）、民族语言、民族文学。

这里要说明的是，因为俄罗斯是个多民族的国家，所以在某些地区还有可能把本民族语言和文学的考试作为选择科目。

（三）中考考试时间

考试开始时间是上午10：00，时长根据科目不同从2.5小时到3小时不等。说到考试时间，俄罗斯的中考有这样几个特点，我认为相当人性化。考试时间分三种：

第一种就是大多数毕业生都参加的正常考试时间，在每年的五月至六月进行。

第二种是提前考试，在四月至五月进行。有如下特殊原因的学生可以选择提前考试：和父母一起出国；正处于治疗或康复的重要阶段；参加各种比赛，奥林匹克竞赛，俄罗斯或世界级比赛；去年考试不及格，或者希望获得比去年更好的成绩。

第三种为补考，在九月进行。参加补考一般有这些原因：考试不及格；由于疾病、健康状况急剧恶化或者其他特殊原因，没有按时参加考试或没有完成考试；对判分不满提出上诉后得到解决，并且又获得一次考试机会；被取消考试资格，但经上诉被仲裁为监考人员失误所获得的一次考试机会。

考试的日程安排相对轻松，不是集中在三天里，而是隔几天考一次。每个科目的考试时间都有"备胎"，即如果因特殊原因没能在规定的考试时间参加考试，可以在相对晚些时候的备用日期参加考试。具体可参考2019年基础国家考试时间表。

正式考试日期

2019-05-24 外语

2019-05-25 外语

2019-05-28 俄语

2019-05-30 社会科学

2019-06-04 物理、社会科学、地理、信息学及通信技术

2019-06-06 数学

2019-06-11 文学、物理、生物、信息学及通信技术

2019-06-14 历史、地理、化学

备用考试日期

2019-06-25 俄语

2019-06-26 物理、社会科学、生物、信息学及通信技术

2019-06-27 数学

2019-06-28 文学、历史、地理、化学

2019-06-29 外语

2019-07-01 数学、俄语、文学、物理

2019-07-02 数学、俄语、文学、物理

(四) 查询考试成绩的时间

考试后10天，考生可以在专业网站注册网页上查到各科考试成绩。

(五) 上诉

如果学生对考试成绩有疑问或者对监考人员的做法不满可以上诉到冲突仲裁委员会。如果是对成绩有疑问，必须在取得考试成绩后两天内提出申请，然后会接到面谈时间和地点的通知。如果是对监考人员的做法不满，比如监考人员说学生作弊，那么学生必须不出考场，在考试后4小时内提出上诉。一般来讲，学生都会得到客观的答复。

(六) 2019年考试新动向

9年级学生必须在中考前先通过俄语的面试，然后才有资格参加中考。面试时每个学生单独进行，时间为15分钟，5天以后可以获得面试结果。只有通过面试，才有资格参加基础国家考试OGE。

三、国家统一考试EGE——高中毕业考试

（一）申请参加高考的必要文件

申请参加高考的必要文件包括：护照和国家养老保险个人账户卡，与中考相同。

（二）申请参加高考的必要条件

在俄罗斯有个硬性规定：如果11年级的毕业生希望参加国家统一考试（即高考），那么必须先参加每年规定时间进行的俄语论文写作考试。论文合格与否，决定学生是否有资格参加高考。写作时间为4个小时。每年都有规定的几个题目，学生们按照题目做准备。而正式写作时拿到什么样的题目，就看学生的运气了。

2019年俄罗斯科教部已经公布了论文的题目："父亲和儿子""梦想与现实""复仇和宽容""艺术和手艺""善与恶"。

（三）高考科目

高考学生的年龄：年满14岁。

必考科目：俄语和数学。

俄语和数学是高考的必考科目，数学考试包括基础数学和高级数学。俄语和数学考试通过就可以拿到毕业证书。但是想被大学录取，还必须参加另外2～3个科目的考试，另外的科目可以自由选择，选择的前提取决于考生希望报考的大学及其专业的方向。

可供选择的科目有：文学、物理、化学、生物、地理、历史、社会科学、信息学和通信技术、外语［英语、法语、西班牙语、德语、中文（2019年开始）］。

（四）高考时间

开始考试时间是上午10：00，时长根据科目不同从2.5小时到3小时55分钟不等。

说到考试时间，俄罗斯的高考和中考一样，也有几个特点，我认为相当人性化。考试时间分三种：

第一种就是大多数毕业生都参加的正常考试时间，在五月至六月

进行。

第二种是提前考试，在三月至四月进行。有如下特殊原因的学生可以提前考试：几年前毕业但是现在想考取大学的人；完成所有必修课程并且俄语论文成绩合格，但因特殊原因无法在正常考试时间参加考试的学生，比如因为参赛或者搬家等原因；有学校证明可以提前结业的学生（一般是学习非常优秀的学生）。

第三种为补考，在九月进行。参加补考一般有这些原因：俄语和数学考试不及格；有证明因特殊原因没能参加考试；有证明因特殊原因没有完成考试；不是因为学生的原因被取消考试资格，但经上诉又获得一次考试机会。

考试日程的安排相对轻松，不是集中在3天里，而是隔几天考1次。

每个科目的考试时间都有"备胎"，即如果因特殊原因没能在规定的考试时间参加考试，可以在相对晚些时候的备用日期参加考试。

如果必考科目不及格，可以在备用日期重考。如果备用日期还没有通过，补考时即九月还有一次补考机会。即使是补考，如果成绩合格，依然可能被录取上大学，甚至是免费的大学。因为有些专业国家负担学费，但想读的学生比较少，所以经常有剩余名额。在俄罗斯，只有学生不想学的专业，没有上不了大学的学生。具体可参考2019年国家统一考试时间。

正式考试日期

2019-05-27 文学、地理

2019-05-29 数学（基础水平）、数学（高级水平）

2019-05-31 物理、历史

2019-06-03 俄语

2019-06-05 化学、外语（口语除外）

2019-06-07 外语（口语）

2019-06-08 外语（口语）

2019-06-10 社会科学

2019-06-13 信息学和通信技术、生物

备用考试日期

2019-06-17 文学、地理

2019-06-18 物理、历史

2019-06-20 信息学和通信技术、化学、生物

2019-06-24 数学（基础水平）、数学（高级水平）

2019-06-26 俄语

2019-06-27 外语（口语）

2019-06-28 社会科学、外语（口语除外）

2019-07-01 数学（高级水平）、物理、文学、信息学和通信技术

（五）考试成绩公布时间

考试后7～14天，考生可以在统一网站注册页面上查到考试成绩。

（六）上诉

与中考情况相同：如果学生对考试成绩有疑问或者对监考人员的做法不满可以上诉到冲突仲裁委员会。如果是对成绩有疑问，必须在取得考试成绩后两天内提出申请，然后会接到面谈时间和地点的通知。如果是对监考人员的做法不满，比如监考人员说学生作弊，那么学生必须不出考场，在考试后4小时内提出上诉。一般来讲，学生都会得到客观的答复。

（七）俄罗斯高考特色

高考成绩5年内有效，考试合格后考生4年内都可以根据自己的高考成绩选择大学。我认识的一位俄罗斯姑娘毕业后选择了一所大学，但一年后觉得不太喜欢，于是就换了另外一所——不需要重新考试，就参考原有的高考成绩，只是又读了一遍1年级而已。

数学分为两个级别——基础和高级，级别不同，考试日期不同。今后所学专业不需要数学的考生可以考基础水平的数学。反之，则必须考高级水平的。

如果所选的未来大学专业与数学无关，考生可以在 10 年级时就参加基础数学考试，如果考试成绩优秀，则 11 年级可以免修数学，而且不必参加数学高考。笔者的女儿就是这样一个幸运儿。她在 10 年级时参加了数学基础水平考试，成绩很好，顺利通过考试，11 年级就没有再继续学习数学。

如果学生因为疾病无法参加考试，他可以向学校提交相关证明。上级审查委员会将在统一时间进行评审，然后给予该考生一个新的考试日期。

四、其他考试

（一）阶段性成绩评估

俄罗斯的中学没有常规的期中考试和期末考试，老师会根据教学情况进行阶段性测验，比如学完了一个完整的章节或者部分，进行一下测验，这是要评分的。日常上课也会评分。那么，怎样考核学生的学习成绩呢？

比较流行的一种方法是：每 3 个月每科的老师会根据学生平时的上课评分、作业评分和测验评分给一个总的评分；最后学年结束时，老师在该学生 3 次月评分的基础上，给出一个全学年的总评分——这就是这个学生全年的学习成绩，是会写在成绩单上的。

现在也有老师不按每 3 个月评分一次的方法，只按学习进度评分，这样一年下来可能会有 3 个评分，也可能有 4 个、5 个或者 6 个评分。总之，在学年结束时，老师会把所有评分均衡一下，最后得出学生的学年成绩。

（二）水平测试

水平测试是由莫斯科教育质量中心下属的独立分析中心对于各学校、各年级、各学科进行的测试和分析活动。

莫斯科教育质量中心是根据莫斯科市政府 2004 年 10 月 20 日的命令设立的，于 2014 年 12 月 3 日注册的一家莫斯科市国家测试、评估及专业进修的教育机构。该中心设立的目的是提高评估学生的知识素质，发现和培养有才能的年轻人，增强各种形式的教育机构和学生认证，以及评估组织和开展监测研究的有效性等问题。

莫斯科教育质量中心针对不同对象及其愿望和目的进行测试和分析工作，具体包括这样三个主要方面：

第一个主要方面是针对学生和家长的，主要是测试学生对于基础国家考试OGE和国家统一考试EGE的准备情况。在学生测试结束后，对于测试结果给予具体分析，让学生及家长明白学生的学习现状，对即将到来的中考或者高考做到心中有数，这也称为全真模拟。

第二个主要方面是针对学校领导和行政部门的。学生们每学年会有三次这样的测试：刚开学时（九月至十一月）、期中（十二月至三月）和期末（四月至五月）。不是每个学生都必须参加所有的测试。班级不同，年级不同，测试的科目不同，像是抽查。题目是由学科教师委员会的专家们共同拟定的。学生们参加这样的考试非常认真，但他们无法提前准备，也无从准备，因此成绩相对来说比较真实，测试结果可以反映出学生对于知识的接受程度、学习水平等，也是该校教学及管理水平的体现。这就是水平测试——其实也是一种考试，但学生和老师都不称之为考试，他们认为这仅仅是一种测试。

第三个主要方面是针对老师和学生的，主要是针对老师的。老师先测试一下自己对于中考或者高考试题的理解和解答能力，以便更好地辅导和指导学生进行考前复习。测试是在老师自愿的基础上进行的。

无论参加哪种测试，被测试者都会得到非常具体的分析及证书。这个证书是有一定价值的，因为它是由权威教育机构发放的相关证明，可以当作下一步学习的参考依据。

（三）各种竞赛

俄罗斯还有许多各种形式的竞赛、比赛，都是学生自愿参加的。比如各学科的奥林匹克竞赛，莫斯科国立大学举办的各种比赛等。比赛从本校开始，然后升级到市，到地区，到全国，最优异者参加世界级比赛。取得好成绩的参赛者有可能得到奖金，免试进入理想大学等。

第三节 俄罗斯学校的作业

　　笔者执教的中文家教课一般都是在学生们放学以后，也就是下了第7节或者第8节课以后，开始上课时间是下午的4点或者5点。在我执教的家教课上，经常有孩子打哈欠的现象，偶尔看见有的孩子眼睛发红，一看就是缺少睡眠。我问他们几点睡觉，他们说半夜12点或者凌晨1点。我问他们为什么睡得那么晚，他们回答说是因为写作业。我问他们写了多长时间的作业，一般的回答是两个小时左右。如果是11年级的学生，还会更长一些，3个或3个多小时。无论如何，不管是几年级的学生都抱怨作业太多了。我觉得他们是有点儿身在福中不知福，因为我感觉他们做作业的时间要比中国孩子们做作业的时间少多了，不知这种感觉对不对。在俄罗斯，学生们的学习负荷量包括学校课程、选修课、家教课、补充教育课程，以及班级、学校的活动等。很多孩子一天下来都很累，以至于很难按时独立完成功课。当然不是所有学生都参加上述每个项目的活动。负荷量大的结果就是有的学生不能按时完成作业，有的只能完成作业的一部分。孩子完不成作业，分数不理想，就牵扯到了家长的时间和精力，于是家长也抱怨作业多的问题。那么，关于教师应该给学生留多少作业的问题，是否有法律条文上的规定呢？答案是：有的。下面我们就对此做个简单介绍。

关于俄罗斯规范学生负荷量的监管文件有：2012年12月29日第273号《俄罗斯联邦教育法》，以及由俄罗斯首席国家卫生博士2010年12月29日提出的决议《对于公共教育机构的卫生和流行病要求》等。

相关文件非常清晰地标明了各年级学生写作业的时间：

（1）1年级学生没有作业，老师可以推荐学生做一些诸如练习写字母或者看图片等练习，但没有权力给学生留作业；

（2）2~3年级，学生写作业时间为1.5小时；

（3）4~5年级，学生写作业时间为2小时；

（4）6~8年级，学生写作业时间为2.5小时；

（5）9~11年级，学生写作业的时间每天不得超过3.5小时。

同时文件还规定，通常在学校作业量较多的学习科目不应该集中在同一天布置很多作业，这涉及课程编排问题。比如，要避免在同一天有化学、生物、物理、数学等多门"重量级"课程，如果真有这种情况的话，那么要注意作业的量。

在假期和节假日期间，没有明文规定不可以留作业，但明确规定学生有休假的权利。

在假期留作业这个问题上，俄罗斯学校的做法也是有变化的。以前，一般不给学生们留任何作业，只是留一个长长的书单，差不多有20本文学书籍。我记得当女儿第一次给我看学校列出的书单时，我特别吃惊，因为我觉得3个月的假期读不了那么多的书，特别是不少书家里没有，要去买或者要到图书馆去找。可想而知，这是不可能百分之百完成的作业。后来，除了书单外，还留了数学作业，可能是数学有点儿难吧，又是中考和高考的必考科目，因此需要额外抽出时间学习数学。总之，俄罗斯学校的学生还是比较幸运的，他们放假时可以把几乎所有时间都用在休息和娱乐上。

教学资料繁杂和教科书不统一是作业多的一个很重要的原因。面对这些众多的教学版本，教师们如何选出适用性比较强的教学资料就成了问题，于是教师们就选择各种版本的教学资料都让学生做一些。针对这种教学现状，正在建立中的"俄罗斯数字学校"将会采取有效措施去解决这个难题。

学校之间竞争资助金、津贴、高考排名以及学校评级也是作业多的原因之一。现在，甚至是在小学也开始进行强制监测。当然没有人想成为失败者。所以，教师在课堂上授课的努力程度增加了两倍，当然，相应地也增加了学生们的作业量，作业多也就不足为奇了。

那么，要不要取消作业？

目前在俄罗斯，对于是否取消作业的争论非常激烈。意见分歧在于：有些人认为，家庭作业对于今天的孩子们是没有必要的，因为孩子们不是在学校上课就是在其他什么地方上课，他们应该用做作业的时间去新鲜空气中散步；而另外一些人则认为，大量的学习负荷量可以巩固所学知识，保证孩子不会在其他方面花费大量时间，所以谈论取消作业的话题是愚蠢的。

关于作业这个问题，我们不知道俄罗斯在未来会有什么新的改革，但我认为布置作业还是很有必要的。因为作业是为了帮助学生巩固课堂所学习的知识，同时，也是为了激发孩子们创新和探索的积极性。教师给学生提供相应的自学资料，然后大家一起在课堂上讨论，这样可以碰撞出更多的思维火花，接下来的作业布置也就会比较顺理成章，也不会那么难为学生。但布置家庭作业的关键是要掌握好学生的负荷量，并且让每个学生都确切知道该做什么以及如何做。

第四节 俄罗斯学生的奥林匹克竞赛

笔者第一次关注奥林匹克竞赛的信息是在女儿上9年级的时候。因为9年级是初中毕业年级,所以学校召集全体毕业生家长开了家长会。在讲了关于中考的各种注意事项之后,校长提到了奥林匹克竞赛,她希望孩子们在条件允许的情况下多参加各种竞赛,特别是奥林匹克竞赛,因为奥林匹克竞赛的成绩对于初中毕业,特别是马上就要开始的高中阶段学习和将来的高考都非常重要。校长还说,最好从现在起就给孩子准备一个文件夹,把所有参加比赛获得的奖项都保存起来,这有助于被优质大学录取。我当时的感觉是,奥林匹克竞赛是更高级别的考试,它可以帮助孩子上好大学,让孩子有更好的未来。所以,我开始鼓励女儿去参加奥林匹克竞赛。

在当今的俄罗斯,奥林匹克竞赛越来越有威望,甚至是声誉显赫。奥林匹克竞赛的优胜者和获奖者被人们看作是优秀的学子、天才少年,甚至是国家未来的栋梁。奥林匹克竞赛系统也随着年代的发展而不断臻于完善,至今,应该说已经很完整、完美了。

俄罗斯真正全面开展奥林匹克竞赛,是从它成为独立的俄罗斯开始的。但如果追溯奥林匹克竞赛在俄罗斯的历史，可以追溯到1886年，俄罗斯帝国天文学会举办了解决数学问题的函授竞赛。随后，从20世纪30年代开始，即在苏联时期，奥林匹克竞赛成为包含数学、物理和化学3个学科在内的城市奥林匹克竞赛，之后，从1960年至1979年增加了4个学科，而从1989年至2016年，奥林匹克竞赛则囊括了几乎所有基础教育和中等教育的学科。特别值得一提的是，从2016年起，汉语也成了俄罗斯奥林匹克竞赛的学科之一，同时还增加了意大利语和西班牙语。现在，俄罗斯的奥林匹克竞赛一共包括24个学科，它们是：数学、俄语、英语、德语、法语、西班牙语、中文、意大利语、信息学和信息通信技术、物理学、化学、生物学、生态学、地理、天文学、文学、历史、社会理论、经济、法律、艺术（世界艺术文化）、体育文化、技术、生命安全基础知识。

一、俄罗斯奥林匹克竞赛的目的及组织者

（一）俄罗斯奥林匹克竞赛的目的

俄罗斯的奥林匹克竞赛，上至俄罗斯科学教育部所批准的管理单位，下到地区、市政及学校的教育管理机构，都有一套完整的组织管理系统，各负其责，有条不紊。为什么俄罗斯科教部要投入如此大量的人力、物力、财力在全俄范围内组织奥林匹克竞赛呢？归结起来，其目的在于：

1. 确定并培养学生在科学研究活动中的兴趣和创造力；

2. 发现天才儿童，并为支持天才儿童的发展创造必要条件，使其完善知识技能，成为未来相关领域的专家；

3. 宣传科学知识，吸引相关领域的科学家和从业者与天才儿童合作；

4. 从竞赛中挑选出最有才华的学生，代表俄罗斯参加国际普通教育科目的奥林匹克比赛。

奥林匹克竞赛不同于一般的考试，它没有一定的模式，它测试的是孩子们对知识的更深层、更广泛的认知能力，并为少数优秀的青少

年脱颖而出，成为优秀人才创造机遇和条件。它是一种创意，一种创新，只有将所学知识灵活运用并且具有个人独到见解的学生，才能在竞赛中取得优异成绩并成为获胜者。

（二）俄罗斯奥林匹克竞赛的组织者

奥林匹克竞赛的主要组织者，是由俄罗斯科学教育部批准的中央组织委员会和中央科目教学法委员会，在其领导之下，是各地区、市政的教育奥林匹克竞赛管理机构及学校。

奥林匹克竞赛中央组织委员会的职责是，为全俄奥林匹克竞赛提供组织和方法支持，并通过"全俄学校奥林匹克竞赛条例"开展活动。中央组织委员会负责就与奥林匹克竞赛相关的各项工作向俄罗斯科学教育部提出建议：奥林匹克竞赛最后阶段（即第四阶段）的时间安排；中央科目教学法委员会和评审委员会的组建，以及来自地区、州竞赛的获奖者和优胜者作为参赛者候选人名单的核实；确定最后阶段竞赛的获奖者数量及相应的获奖名次。

中央科目教学法委员会的职责是，拟定奥林匹克竞赛题目，制定评分标准及实施方法，同时确定区域阶段（第三阶段）竞赛和最后阶段竞赛的形式。

俄罗斯由21个共和国、9个边疆区、46个州、2个直辖市、1个自治州和4个民族自治区组成。各地都有专门组织奥林匹克竞赛的负责人。一般来说，公立的有实力的学校都属于有能力组织奥林匹克竞赛的学校，通常奥赛的第一阶段是在学校进行的。条件较差的公立学校学生会到邻近有能力组织奥赛的学校去参加竞赛。

二、俄罗斯奥林匹克竞赛的四个阶段

（一）学校奥林匹克竞赛

学校阶段的竞赛属于初级竞赛，是奥林匹克竞赛的第一阶段，5~11年级的学生可自愿参加。竞赛科目一共有24个。竞赛题目按年龄段分为几个等级：5年级、6~7年级、8~9年级和10~11年级。低年级的学生如果认为自己能力比较强，有权参加高年级的竞赛。4年级的学生也可以参加，但只能参加俄语和数学的竞赛。

校级竞赛的时间是每年的9月14日至10月20日。

（二）市级奥林匹克竞赛

这是奥林匹克竞赛的第二阶段。参赛者为7~11年级校级竞赛的优胜者；当年仍在学校接受教育的上一年的市级竞赛获奖者或者优胜者也可以参加。

市级竞赛的时间是每年的10月21日至12月10日。

（三）地区、州级奥林匹克竞赛

这是奥林匹克竞赛的第三阶段，本阶段的竞赛稍有难度，跟半决赛的性质差不多，只有9~11年级的学生才有资格参赛。他们是：本年度奥林匹克竞赛市级阶段的获奖者和优胜者；当年仍在学校接受教育的上一年的地区、州竞赛获奖者或者优胜者；位于俄罗斯境外的本年度奥林匹克竞赛校级获奖者和优胜者；来自偏远地区的军营和驻军教育机构的本年度校级竞赛获胜者。

地区、州级竞赛的时间是每年的1月11日至2月22日。

（四）全俄奥林匹克竞赛

全俄奥林匹克竞赛即奥林匹克竞赛的第四阶段也是终极阶段的竞赛，由俄罗斯科学教育部组织进行。参赛者为本年度地区、州级竞赛的获奖者和优胜者，以及仍在学校接受教育的上一学年奥林匹克竞赛第四阶段的获奖者和优胜者。参赛者的候选人名单由奥林匹克竞赛中央组织委员会确定。

全俄奥林匹克竞赛的时间是每年的3月21日至4月底。

三、全俄奥林匹克竞赛获奖者的荣誉和奖励

在全俄奥林匹克竞赛中获胜，对于参赛的任何一方，无论是学生、老师还是他们所在的学校，以及专门培训他们的老师和机构而言，都是莫大的荣誉，同时各方也能不同程度地从中获利。

（一）对于参赛获奖者来说

全俄奥林匹克竞赛的获胜者分为两种：一种叫获奖者，即我们比较熟悉的第一名、第二名和第三名，获奖者数量为参赛者的8%；另一种叫优胜者，虽然没有名次，但仍然很优秀，优胜者的数量为参赛者的45%。这些获奖者和优胜者除了获得极大的荣誉之外，还能得到来自国家的非常实际的支持。

1. 他们可以免试直接进入他们所选择的任何一所俄罗斯大学继续深造，去学习他们参赛的学科。比如，参赛选手的获奖学科是化学，那么如果他选择与化学相关的院系，不但不需要参加高考，而且可以任选大学。

我女儿的一个同学进入了全俄地理奥林匹克竞赛，并且获得了优胜者奖，他直接拿到了莫斯科国立大学的录取通知书，现在在他酷爱的地理专业学习。

2. 如果获胜者不想选择与参赛学科相关的院校，那么还是要参加高考，但高考时的同样学科，只要成绩在75分以上，这门学科的分数就可以直接提升到100分，相当于高考成绩增加了20多分。

3. 给予奖金。获奖者为30万卢布，大约相当于3万元人民币；优胜者15万~20万卢布，合1.5万~2万元人民币。同时，地区、州或者市政还可能另外给予奖励。

（二）对于老师来说

获奖者的班主任、学科教师及竞赛培训老师都会因为学生获得了荣誉而得到当地教育管理部门的奖励金。另外，教师还可能会得到提高资质和级别并获得荣誉称号的机会。

（三）对于学校来说

提升学校的知名度，学校在地区乃至全俄的排名名次也会相应得到提高。

四、莫斯科市对于奥林匹克竞赛的态度

莫斯科市不愧是俄罗斯的首都，在市政建设方面做得非常出色，对于教育更是投入了大量的财力和人力。莫斯科市数字学校搞得有声有色，带动着全俄罗斯教育的发展；在奥林匹克竞赛上也是下了很大功夫，并且能够为其他地区参加竞赛的孩子提供帮助。

在莫斯科市有个专为培训奥林匹克竞赛参赛者的中心，叫"卓越中心"。中心的培训教师都是全市各学科的优秀教师。中心每年都会通过测试从参加市级竞赛的学生中选拔出可以参加地区级和全俄奥林匹克竞赛的学生，全程免费为他们提供知识和技能的培训。

我向卓越中心汉语科目的培训负责人了解情况，他为我介绍了2018-2019年度对于参加奥林匹克汉语竞赛学生的培训流程。他们对参加市级竞赛的学生进行测试之后选拔了30名学生进行培训：首先把学生分为两组，每15个人一组。九月，培训开始。九月至十二月，每周两次培训，每次上三节课。十二月，中心的老师会带领学生去圣彼得堡参加为期4天的培训。一月由于新年的缘故休息。二月到各大学院校进行强化训练并参加大学的测试。然后，就等待三月开始的奥林匹克竞赛。

2019年的全俄汉语奥林匹克竞赛，笔者所在的学校——莫斯科市查理津诺教育中心548学校的两个女生都获得了全俄第一名，一个是中国人，一个是俄罗斯人，同时还有一个优胜者。这是我们学校的重大荣誉。我为她们、为学校感到高兴。

五、关于奥林匹克汉语竞赛

俄罗斯的奥林匹克汉语竞赛始于2016年，至今已有4个年头。那么，它是怎样进行的呢？都有些什么内容？笔者以2019年的竞赛安排为例一一说明。

汉语竞赛时间为期两天。第一天为笔试，150分钟，笔试总成绩为75分。内容包括：听力15分钟；阅读30分钟；语法30分钟；国情

知识15分钟；写作60分钟，要求写一篇250～300字的短文，短文的最高成绩为20分。

第二天为口试，口试总成绩为25分。学生随机组成小组，3～4人为一个小组，限定主题，准备时间为50分钟。口头竞赛的形式可以是访谈节目，也可以是辩论会或者角色游戏。每个参赛者都有同等的表演时间。每个小组的表演时间为7～10分钟。

奥林匹克汉语考试不仅考语言能力，还涉及中国历史、地理及文化、风俗等各方面的知识，作为俄罗斯人，包括在俄罗斯成长学习的中国留学生，不进行规范的培训是很难进入地区、州级乃至全俄竞赛阶段的。我认识的一个女孩儿，她的汉语很不错，但是因为没有学过其他有关中国的知识，所以每次参加竞赛时，关于国情知识部分，她几乎拿不到分数。我想，这就是奥林匹克竞赛的高深之处和魅力所在吧。它需要学生具备全方位的知识素养和灵活运用头脑的能力。获得优异成绩的参赛者一定是充满智慧的，而不仅仅是聪明。

第二章
俄罗斯的教师

第一节 我在莫斯科教中文

随着经济迅速而全面的发展，中国在世界上的地位逐渐提高，影响力不断增强，学习汉语在全球范围内越来越流行，俄罗斯也不例外。根据俄罗斯语言研究中心于2017年7月发布的一份报告统计，过去20年来，在俄罗斯学习汉语的人数从5 000人增加到了56 000人。在俄罗斯掀起汉语热并不是一朝一夕的事情。笔者在莫斯科教书至今已经12年了，可以说，我见证着俄罗斯学习汉语的热潮一点点高涨起来。特别是俄罗斯的国家统一考试即高考，增加了汉语作为外语考试选项之一，更从另一个侧面激发了人们学习汉语的热情。那么，汉语学习在俄罗斯到底是从什么时候开始的呢？

一、汉语学习在俄罗斯的渊源

在俄罗斯，学习汉语的历史有300多年了。首次下令必须学习汉语的是彼得一世，也就是彼得大帝，当然还包括学习其他东方语言。那是在1700年，当时的俄罗斯帝国对中国的政治和贸易非常感兴趣。而在叶卡捷琳娜二世时代，比较积极主动地学习汉语的群体以俄罗斯贵族为主，那时差不多有几百人可以用中文进行交流，但只是简单的口语交际，还没有达到书面汉语的水平。现在想想觉得很有意思，18世纪的时候，俄罗斯人用什么样的中文交流呢？应该是半文言半白话吧。他们当时的对话留存到现在应该会是很绝妙的世事人情素材，从中可窥见中俄两国的经济往来和文化交流。19世纪时，俄罗斯奠定了用科学方法学习中文的基础，有了书面语言和汉学。1838年，俄罗斯出版了第一本关于中文的书《汉语语法》。1841年，第一本中文教科书《怎样运用俄文字母读中文》问世。自此在俄罗斯学习中文有了比较规范的教材，学习场所和教学人员逐渐固定下来。

俄罗斯最早可以学习中文的学校创建于1725年，是伊尔库茨克[①]修道院学校，学生是当地神职人员的孩子和修道院养育的孤儿。他们学习蒙古语和汉语，这种学习一直持续到1737年。说到俄罗斯学习中文的历史，还应该提到1835年在库阿克哈特[②]建立的汉语学校。以上两个学校的校址都在西伯利亚一带。

在俄罗斯高等教育体系中，第一个开设专门学习汉语的相关院系的是喀山州立大学，1837年它开设了全俄也是全欧洲大学的第一个中文系。再后来，国立圣彼得堡大学组建了语言文学系，包括汉语、韩语和东南亚语，1855年开始教授中文。除了平民学院，军事学院也教授汉语，比如当时的东方学院。19世纪、20世纪时，还有不少俄罗斯人到北京学习中文，他们的对外交流也推动了俄罗斯汉语学习的发展。

俄罗斯帝国崩溃后，苏联时代到来，学习中文的中心转移到了莫斯科。1920-1940年，国立莫斯科大学、东方学学院、莫斯科市立外语师范学院相继开设了中文课。20世纪中期，由国立莫斯科大学又衍生出莫斯科国际关系学院、东方语言学院（1972年后更名为国立莫斯

[①]伊尔库茨克是伊尔库茨克州的首府。伊尔库茨克州是俄罗斯的一级行政区，隶属西伯利亚联邦管区，位于东西伯利亚南部、亚欧大陆中心地带，是俄东西伯利亚地区政治、经济和文化中心，地理位置优越，自然资源丰富。
[②]库阿克哈特是布里亚特共和国的一个城市。布里亚特共和国是俄罗斯的自治共和国之一，属于西伯利亚联邦管区。

科大学亚非学院),创建于1960年的友谊大学和其他几所莫斯科大学也先后开设了汉语课程。1966年,汉学、汉语和中国文化也成了著名的苏联科学研究院远东所的重要教学内容。

像汉语这样复杂的语言,仅从大学才开始研究是不够的,而是应该从中小学就打基础。认识到这一点,1992年,俄罗斯东方学学院、俄罗斯科学院远东研究所,以及俄罗斯汉学家协会的负责人联合向莫斯科市政府提出建议:在莫斯科创建可以深入学习汉语以及中国文化的专业学校。莫斯科市政府采纳了这一建议,在莫斯科市西南部建立了一所新学校——莫斯科市1948学校。至今,它都是中等普通教育机构中学习汉语人数最多的学校。

二、俄罗斯学习汉语的学校

俄罗斯学习汉语的学校在20年前可以说是凤毛麟角,学习汉语的人数当然也是少之又少。随着时代的发展,特别是随着中国经济的腾飞,学习汉语的学校也越来越多了起来。下面笔者主要从不同地区、州和市学习汉语人数及历史等方面谈谈中小学学习汉语的学校。

(一)莫斯科市

作为俄罗斯的首都,莫斯科市在汉语学习方面始终处于领先地位。

1. 1948语言学家教育中心

1948语言学家教育中心创建于1992年,原名为莫斯科市1948学校,为深度学习中文和英文的中等教育学校。汉语为该校的第一外语,该校学生从2年级开始正式学习汉语。但是要进入该校学习,必须在小学1年级入学时通过简单的中文考试。如果在该校的学前班学习半年汉语,就可以顺理成章地成为该校的学生了。我就因为想让女儿在该校学习中文,曾带着她每周三次在莫斯科市东南方向的幼儿园和西南方向的1948学校之间奔波了半年,最终女儿得以顺利进入该校学习。后来因为觉得自己也可以教女儿学习中文,不必如此辛苦辗转,所以在女儿开始2年级的学习时将她安排在548学校上学,我也因此开始了在俄罗斯教中文的工作,这是后话。

在俄罗斯,最有名的学习汉语的学校恐怕就是1948学校了。首先,它最初建校的目的,就是要建一所专业学习中文的学校,没有任何一家学校是因为这个原因而特别建立的。正是因为如此,其学习汉语的学生数量也是最多的。比如2016-2017年度,在该校学习汉语的学生达到了1 683个。因为在该校学习汉语的学生数量多,开始汉语教学的时间比较早,还可能是因为该校离中国驻俄罗斯大使馆最近(这是我个人的看法),所以一直以来受到中国驻俄罗斯大使馆的特别关注和支持。2007年,当时的中共中央总书记胡锦涛访问俄罗斯期间,还专门去学校看望了学习中文的俄罗斯孩子们。2010年,在中国驻俄罗斯大使李辉的见证下,在1948学校建立了孔子课堂。

在一次中俄企业界交流的活动中,我认识了一位中国国企的翻译,她是一位漂亮的俄罗斯姑娘,汉语讲得很不错。当问起她是在哪里学的中文的时候,她说她最初学习汉语是在1948学校,这让我感觉1948学校的汉语教学真是卓有成效的。

2. 莫斯科实验学校教育中心

莫斯科实验学校教育中心(以下简称"实验学校")也创建于1992年,与其他学校不同,它是一所体育学校,隶属莫斯科市体育文化部而不是教育部。实验学校的学生从1年级开始学习汉语。因为是体育学校,所以该校的武术团队非常著名,曾经在各种武术比赛中获得奖牌。比如,在2008年北京奥运会的奥运武术比赛中获得1枚金牌、1枚银牌,在2017年喀山世界武术锦标赛上获得1枚银牌等。该校与中国驻俄罗斯大使馆、莫斯科孔子学院、俄中友好协会和校际汉语研究中心都有着很好的合作关系。

3. 莫斯科察里津诺教育中心548学校

这是我目前任教的学校,所以我对这个学校比较了解,也很有感情。这个学校能够开设汉语教学,应该感谢很有前瞻性的校长。当548学校开设中文课程的时候,在整个莫斯科还没有几所学校有中文课，可以说校长很有魄力，是个敢为人先的领导者。他在家长会上的一句话我至今记忆犹新：您的孩子学了中文，就意味着有了一片面包。548学校的学生小学毕业后有三种选择：上普通学校、中文学校和美术学校。也就是说，选择了中文学校的学生，从5年级就开始学习汉语。除了在本校学习汉语以外，548学校的学生还定期到中国进行实地学习，每次20天左右。学生6年级时去北京学习，8年级时去天津学习，10年级时去宁波大学学习。所有这些到中国学习的学生，都能够真实地感受到中国的文化，对中国有更具体的了解，汉语水平也有了不同程度的提高。548学校每年都组织学生参加奥林匹克汉语比赛和"汉语桥"竞赛。

作者黄潆女士和548学校校长合影

4. 莫斯科市第11寄宿学校

莫斯科市第11寄宿学校创建于1956年，是莫斯科最早开始学习汉语的两所学校之一。该校从1年级开设汉语课，汉语是第一外语。

2002年该校就安装了可以接收中国电视节目的卫星天线，以激发学生们学习汉语的兴趣和提高教师们的汉语教学水平。2007年时，该校学习汉语的学生最多达到了300人。

5. 其他学校

在莫斯科市还有一些从学汉语人数上讲具有一定规模的学校：1599学校，该校从5年级开始开设中文课；1535学校即国立莫斯科大学亚非学院附属中学，该校是由原莫斯科市第14寄宿学校改编而成的，也是1956年建校，与前面提到的第11寄宿学校相同，也是学习汉语历史悠久的学校；1555学校即莫斯科国立语言大学附属中学……另外，还有包括莫斯科州在内的20所左右的学校都不同程度地设置了汉语课程，在此就不一一提及了。

（二）圣彼得堡市

圣彼得堡市学习汉语的学校就比较少了。21世纪初，只有一个652东方学校开设汉语课程，但规模还是比较大的，有600多名学生在这里学习汉语，而且汉语是作为第一外语学习的。然后是574学校，它的汉语课是作为可选择外语学习的。再就是32学校，这里是把汉语作为第二外语授课，学习汉语的学生数量相比莫斯科少了很多。

（三）其他地区、州和市的学习汉语的学校

除了莫斯科市和圣彼得堡市，俄罗斯其他地区、州和市也有开设汉语课的学校。比如，萨马拉州[①]的"艺术学校"，鞑靼自治共和国的喀山市[②]有两所学校，梁赞州的梁赞市[③]有5所学校等。另外，俄罗斯

[①] 萨马拉州属于联邦州，位于东欧平原的东南部。其西南与萨拉托夫州相连，西部和西北部与乌里扬诺夫斯克州相连，北连鞑靼斯坦共和国，东北部、东部及东南部与奥伦堡州相邻。境内主要河流有伏尔加河。政府驻地为萨马拉市。
[②] 喀山，俄罗斯联邦鞑靼自治共和国首府，是伏尔加河中游地区经济、交通、文化中心，是俄罗斯著名的城市之一。
[③] 梁赞，位于俄罗斯中部联邦管区奥卡河右岸，是奥卡河的最大港口之一，也是铁路枢纽，是梁赞州的首府。梁赞州是俄罗斯联邦主体之一，属中央联邦管区，位于俄罗斯首都莫斯科东南196千米处。

的南部联邦管区①、乌拉尔联邦管区②、西伯利亚联邦管区③都有为数不多的汉语学习学校。应该说明的是，西伯利亚联邦管区的跨贝加尔地区学习汉语的人数比较多，有十多所学校设有中文课程，而且是把汉语作为第一外语学习的，可能是那里离中国比较近的缘故吧。

另外，还有新西伯利亚州④、托木斯克州⑤、鄂木斯克州⑥、图瓦共和国⑦和伊尔库茨克州⑧都各有一至两所学习汉语的学校。

俄罗斯滨海边疆区⑨也是一个学习汉语人数比较多的地区，有近20所学校开设汉语课程。

仅次于滨海边疆区，阿穆尔州⑩也是个开设汉语课程比较多的地

---

① 南部联邦管区位于俄罗斯最西南部，介于乌克兰和哈萨克斯坦之间，大致覆盖了北高加索地区。
② 乌拉尔联邦管区在乌拉尔山脉和西西伯利亚平原内，行政中心和最大城市是叶卡捷琳堡。
③ 西伯利亚联邦管区地处俄罗斯亚洲部分中部，占全俄面积的30%。政府驻地为新西伯利亚市。
④ 新西伯利亚州隶属于俄罗斯，是俄罗斯的一级行政单位，位于西西伯利亚平原的东南部。政府驻地为新西伯利亚市。
⑤ 托木斯克州位于西西伯利亚平原东南部，鄂毕河中部流域。俄罗斯的最大州之一。首府托木斯克市。
⑥ 鄂木斯克州是俄罗斯的一级行政单位，隶属俄罗斯西伯利亚联邦管区，位于西西伯利亚平原的南部。政府驻地为鄂木斯克市。
⑦ 图瓦共和国是俄罗斯主体之一，属西伯利亚联邦管区管辖，亦属于东西伯利亚经济区，位于中西伯利亚南部。俄语、图瓦语同为官方语言，首府为克孜勒。
⑧ 伊尔库茨克州是俄罗斯的一级行政区，隶属西伯利亚联邦管区，位于东西伯利亚南部、亚欧大陆中心地带，是俄东西伯利亚地区政治、经济和文化中心，地理位置优越，自然资源丰富。州首府为伊尔库茨克市。
⑨ 滨海边疆区是俄罗斯的一级行政单位，位于俄罗斯的最东南，东南临日本海，北接哈巴罗夫斯克（伯力）边疆区，西面分别与中国和朝鲜接壤，是俄面向亚太地区国家的桥头堡。首府为符拉迪沃斯托克（海参崴）市。
⑩ 阿穆尔州位于俄罗斯的东南部，其南部、西南部与中国相邻，西部与外贝加尔边疆区接壤，北部与萨哈（雅库特）共和国相邻，东北部和东部与哈巴罗夫斯克边疆区相邻，东南部与犹太自治州相邻。政府驻地为布拉戈维申斯克（海兰泡）市。

区，有十多所学校设置了学习汉语的课程。哈巴罗夫斯克边疆区[①]也有近十所学校开设了汉语课程。

犹太自治州[②]、堪察加边疆区[③]各有一所学校开设汉语课。

萨哈共和国（雅库特）[④]有六所学校开设中文课程。

如果在把汉语学校学习汉语的学生数量按城市做一个比较的话，那么根据五年前的统计，排在前五名的城市是：莫斯科、赤塔[⑤]、符拉迪沃斯托克（海参崴）、布拉戈维申斯克（海兰泡）[⑥]和乌苏里斯克（双城子）[⑦]。圣彼得堡市排在第六名。

三、俄罗斯学习汉语学校的共同点和难题

（一）学习汉语学校的共同点

所有这些开设中文课程的学校都有这样三个共同点：第一，学校都是深度学习外语的学校，但把汉语作为第一外语的学校不多，一般都把汉语作为第二外语或者是选修外语。在莫斯科市也就只有三所学校是把汉语作为第一外语的：1948学校、第11寄宿学校和1555学校。

---

①哈巴罗夫斯克边疆区是位于俄罗斯远东地区的一个边疆区。政府驻地为哈巴罗夫斯克（伯力）市。
②犹太自治州位于俄罗斯远东地区的阿穆尔河沿岸，属于远东联邦管区，与哈巴罗夫斯克边疆区、阿穆尔州和中国黑龙江省接壤。政府驻地为比罗比詹市。
③堪察加边疆区隶属于俄罗斯远东联邦管区，由原来的堪察加州与科里亚克自治区合并而成。首府彼得罗巴甫洛夫斯克。
④萨哈（雅库特）共和国位于亚洲北部，北邻北冰洋，面积310.32万平方千米。首府雅库茨克。
⑤赤塔市，俄罗斯外贝加尔边疆区首府，位于贝加尔湖以东，东南和南部分别同中国和蒙古国毗邻，俄罗斯族约占90%；原为赤塔州首府，后为合并后的外贝加尔边疆区首府，距离莫斯科4 760千米，距中国呼伦贝尔市545千米。
⑥布拉戈维申斯克（海兰泡），是俄罗斯阿穆尔州首府，俄罗斯远东第三大城市，原属中国。1858年沙俄强迫清政府订立不平等的《中俄瑷珲条约》，遂被沙俄割占，改名为布拉戈维申斯克。
⑦乌苏里斯克（双城子），位于俄罗斯东南部，是连接哈巴罗夫斯克（伯力）和符拉迪沃斯托克（海参崴）两战略要地的枢纽城市。原属中国，1860年沙俄强迫清政府订立不平等的《北京条约》，遂被沙俄割占。

第二，低年级学生比较多，但到了10～11年级时，学习汉语的学生的数量就陡然下降了。比如2012-2013年度，1948学校，1～4年级278个学生，5～9年级572个学生，10～11年级80个学生。

（二）学习汉语学校的难题

难题总体上讲有两个：一个是缺少合格的中文教师，更别说中文是母语的教师了。有一所学校，100名左右学生只有一位老师。本来汉语学习进展得还不错，但因为这个老师要返回中国，而后该校再也没找到合适的老师，之后不得不停了已经进行了三年多的汉语课程。另一个是，没有统一的适用教材。最早的统一教材是苏联时代的中文教材，许多词语和情景已经不适合现代汉语的需要了，因此，各个学校自选教材，买书也成了问题。

目前，俄罗斯教育部正在加紧汉语教材系统化、正规化的工作，希望在不久的将来能有一部适合俄罗斯人学习汉语的教材。

四、我在莫斯科教中文

我最初开始在俄罗斯教中文，实在是不得已而为之。但是现在回忆起来，我很感谢生命中这次上天给予的安排。我记得有个故事，讲的是一位国王的大臣，他总喜欢讲的一句话就是"一切都是最好的安排"，即使是遇到不幸的时候，他依然如此。我同意这个观点：事情按照人的意愿发展也好，不按照人的意愿发展也罢，最终你会明白，一切都是最好的安排。

（一）盛情难却，成为俄罗斯教师队伍的一员

如上所述，我女儿1年级是在1948学校上的，因为我想让女儿在这所因学习汉语而著名的学校学习中文。但不久我便发现，她上1年级后在汉语方面并没有明显进步，所学中文还是学前班时所学的内容。后来我才明白，该校的中文是从2年级才开始正式学习。这让我有点儿难以接受，因为我是为了让女儿学习汉语，特意在学校旁边租了价格不菲的房子。但是如果不能学习汉语，为什么一定要花如此大

的代价而不回家住呢？更何况，我本人就是语文老师，我完全可以自己教女儿中文啊。这么想着，我就决定给女儿转学，转到一所好的俄罗斯学校。正在这时，一位朋友向我推荐了548学校——2006年曾在莫斯科市排列第一。于是，我决定去和548学校的校长谈谈，请求他接收女儿进入548学校读书。因为当时我们的住所不在学校招生范围内，所以女儿不属于学校必须接纳的学生。

校长是一位和蔼可亲、干脆利落的人，他仔细听了我的讲述，马上就给了我回复：我们学校可以接收你的女儿来学习，但你必须为我们学校工作。做什么工作呢？上汉语课。坐在一旁负责外语教学的老师告诉我，548学校开设中文课已经两年了，目前教汉语的老师都是半路出家的，她们自己也是一边学习一边教课，所以特别需要正式的汉语老师，特别是汉语是母语的老师。而我是北京人，普通话讲得字正腔圆，又是师范大学中文系毕业，并且会说俄语——所有这一切条件都太符合他们的需要了。我当时很为难，因为那个时候我正在为一家中国公司驻莫斯科代表处工作，我是首席代表，每天都要去上班。我怎么能在学校工作呢？我问是否可以只是帮忙，而不工作？校长说，不行，我们需要你的帮助，需要你到我们学校来工作。看着他们期待的眼神，想想女儿需要上一所好学校，我答应了他们的请求。校长也非常通情达理，答应我可以每周六来学校上一天课。这样，我就成了548学校一名正式的员工，开始了在俄罗斯教中文的生涯。

（二）在俄罗斯上的第一节中文课

在俄罗斯教的第一节课，我至今记忆犹新。孩子们是548学校第一批学习中文的学生，7年级，十三四岁。说实话，我当时有点儿小紧张，因为我不知道俄罗斯孩子们是怎样上课的，是如何对待老师的，特别是一个中国老师，我也不了解他们的中文水平到底怎么样。课前，我很认真地做了准备，然后在外语教研室负责人的引荐下走进教室。在见到学生们的那一瞬间，我一下就放松了，而且有些兴奋。所有孩子都笑着看着我，和我打招呼：你好！你好！他们是那么漂亮，又很单纯，他们看上去似乎也很兴奋。或许，我是他们第一次如此近距离接触的中国人吧。

我们分别进行了自我介绍。俄罗斯人的名字都长长的，分三部分：姓、父名、名字。我不习惯连名带姓一起称呼，于是只称呼他们的名字。他们也不太习惯我那只有一个字的名字，于是我告诉他们我的俄文名字。在俄罗斯，学生们称呼老师不像在中国，称呼姓加上"老师"，比如"李老师"，而是称呼老师的名字加父名，比如"伊琳娜·彼得罗夫娜"。在俄罗斯教书这些年来，学生们对我一直没有固定称呼，大多数学生叫我"吉娜"，这是我的俄文名字；有的叫我"潇老师"，少数学生叫我"黄老师"。因为了解了他们的称呼习惯，所以我也不太在意学生们对我叫什么。

自我介绍之后，我和他们进行了简单的对话，大概了解了一下他们的口语水平。可以感觉得到，他们的四声发得不太准，一般的会话也不太好，很简单的词都不知道，或许是因为当时他们的教材是那本苏联时期的老教材，和当下现状也不太贴合。我明白了应该从哪里下手，教孩子们尽快学会说中文并且纠正他们的发音。

作者黄潇女士在教548学校的孩子们学中文

一节课下来，我一点儿也不觉得累，反而对教汉语产生了兴趣。教汉语与教语文不同，比较单纯，特别是这种初级汉语，不需要分析课文,也不必概括课文的意义所在,最主要的是要发音准确,并且正确地解释词语的意思。这对我来说真是太简单了。我上大学的时候就非常喜欢现代汉语,所以,单纯地教授汉语其实是件愉快的事情。但事实上也没那么简单,教俄国学生和教中国学生还是很不一样的:俄罗斯孩子从未接触过汉语,也没有汉语环境,他们对汉语没有感觉,汉语对他们来讲是完完全全陌生的。许多对于中国孩子来说仿佛天生就明白的词语,对于俄罗斯孩子来说却成了要绞尽脑汁才能理解的问题,而且有时似乎是无法解释得清楚的问题,只能在后来的学习中去不断体会,找到感觉。

(三)授课教材

我是作为汉语口语课的老师给孩子们上课的,起初并没有口语教材。我希望学生们尽快开始说汉语,而不只是知道一些词的意思。只要能开口讲了,学习汉语的兴趣也会大增,于是我就自己编写教材,并打印出来发给学生以便于课堂学习。每节课都会有会话主题,从最简单的自我介绍开始,比如姓名、哪国人、在哪儿住、在哪儿上学、学汉语多久了等。然后再深化内容,比如谈食物、蔬菜、水果的名称;谈家庭成员及职业;谈爱好等,循序渐进。孩子们很高兴,有些学得比较好的孩子后来还主动用中文和我说话。虽然是"蹦词",语法也不太准确,但是毕竟开始讲汉语了。

这种情况持续了大约两年的时间,之后学校选择了一种中英文的教材。那里有口语练习部分,我就不用自编教材了,而是带着学生们学习课本上的口语练习部分。因为我是每周六集中在一天教课,所以,这一天从第一节课开始一直到第七节课,教的年级和班级都不一样,教材的水平和各班学习的进度也不一样。一般来说,我到该上课的班级,这个班平时任课的中文老师会告诉我他们的课程进展到哪里了,需要进行什么样的练习,然后我根据这位老师指定的内容,再加上一些我认为需要补充的内容给孩子们上课。时间长了我的教学经验也逐渐丰富了,无论何种教材、什么进度,我都可以在没有太多时间做课前准备的情况下迅速开始教课。

再后来，学校又采用了本校老师写的教材。编写教材的这位老师是从548学校一开设中文课程就开始教汉语的，有一定的授课经验，她写了适用于本校学生的教材，还请我帮忙校对并对课本中的对话练习进行录音。这也是我对548学校的一份贡献吧，看到教材上印有自己的名字，听到学生们在课堂上听着我录制的课文，还是有一点儿成就感的。

在548学校教授汉语的这些年来，我曾采用过北京语言大学出版社出版的《新实用汉语课本》，还有那本老教材——康德拉舍夫斯基的《实用汉语教科书》。我前面讲的汉语教学在俄罗斯的难点之一，没有适用的统一汉语教材，在此也可略见一斑。

（四）汉语口语的教学方法

俄罗斯的所有学校学习外语都是以小班的形式进行，即最多不得超过15个人，一般是一个班8～12名学生。这样教起课来老师比较轻松，能照顾到每一位学生，每个学生也都有机会与老师或者同学互动。老师教课时可以根据授课情况或坐或站，不一定非要从头站到尾，也令人感到轻松。幸亏如此，否则真难以想象每周六站七节课是什么感觉。

我给学生们上课采用得最多也是最主要的方法就是带领学生朗读课文或者对话，然后让学生们复述，如果是简单的课文或者对话就马上背诵下来。我认为在学习汉语初期，最好的学习方法就是背诵或者复述课文，这样，即使有学生一时把单词忘了，但一提醒他背诵过的课文或者课文中有这个词的句子，他马上就会想起这个单词。有时，在学生们熟悉了课文之后，还会就课文内容让学生谈谈他们真实生活中的所见所闻加深印象，强化语言学习的情境性和应用性。

另外，做游戏、给学生命题，让他们自己编对话然后进行表演，也是我经常使用的教学方法。让学生们讲述关于自己——自己的经历、自己的愿望，是我最喜欢的练习方式。假期之后让学生们讲述自己是如何度过暑假生活的，如何过的新年、生日等；学生们从中国学习回来后让他们谈谈在中国的见闻和感受；临近升学，让11年级的学生谈谈对未来的打算，想报考什么大学，希望做什么工作等。

（五）教俄罗斯学生学习汉语的一点儿体会

对于俄罗斯学生来说，学习汉语最困难的地方有两点：准确发音和记住汉字怎么写。至于哪个更难一些，每个人的感觉不同。有的认为发音难，总也搞不清四声的正确发声位置，但写字还可以；有的认为写汉字很难，总是记不住那些笔画怎么摆放，也弄不清笔画的顺序。

我在教汉语的过程中，越来越感受到汉语的美，感受到汉语言文化的博大精深。首先，汉语的发声，其实就是音乐。一般来讲，乐感好的学生，对于汉语的四声就比较敏感，可以比较快地掌握发声的基本要领，反之，就基本上掌握不好四声的发音技巧。其次，写汉字的确就是像在画画儿，把画面安排好了，汉字就一定写得不赖。与画画儿不同的是，写汉字需要记住画面，而不可以自己创作。另外，写汉字还需要记住笔画的先后顺序。

汉语发音讲究抑扬顿挫，因为汉语有四个声调，特别是有一声和四声，所以说出话来语音有高有低。但俄语没有四声，语音比较平直，只有在发问时才把语调提上去。这就造成了俄罗斯学生在说汉语时不太注意也不太习惯发一声和四声，他们说出的汉语总是游离于二声和三声之间。可是在说疑问句时，本来汉语里有"吗"或者"是不是""还是"等标志疑问句的词，不用抬高声调时，他们却按照俄语的习惯，一定要把句尾的声调提上去。

我注意到这个问题，所以就总是向学生们强调一定要发好一声和四声。一声要抬高声，四声要压下声，只有这样，说出来的话才是正确的普通话。有不少学生在我的纠正下，发音越来越准确，我很欣慰。

另外，学习汉语发音，一定要在最开始学习拼音的时候学准确，学扎实，否则，学歪了之后，纠正起来很难，因为已经形成了错误的发音习惯。我有两个学生，他们是我做家教时的学生，都是从零基础开始跟我学习汉语的。因为我的发声正确,他们也有语言天赋,再加上学习拼音时下了很大的功夫,所以这两个学生的发音跟中国人几乎一样,只是在个别地方能听出他们不是中国人,一般情况下如果只听他们说话,真会以为他们是中国人。他们开始跟我学习汉语时,一个8岁,一个40岁,但说得同样好。这就说明,打好发音基础是很重要的,不管是什么年龄,只要发音基础扎实,就能讲好普通话。

大多数其他已经学过汉语但发音不准的学生再跟我学汉语时,尽管我费了很大气力去纠正他们的发音,但他们也只是在不同程度上有所进步,完全讲得很好的没有。

还有一类学生,无论他们怎么努力,就是学不好发音。所以我想,的确是有一部分人不适合学习汉语,就像有些中国人总也学不会打嘟噜(俄语的一个字母的发音)一样。这样的学生可以把学汉语作为一种爱好,但用汉语工作就比较吃力了。

关于写汉字,我记得的最经典的一句话是女儿学写汉字时问我的一句话:"妈妈,这个字怎么画啊?"对于俄罗斯人来说,一开始写汉字的确像是在画画儿,要记住画面,然后再把字画漂亮真是难为他们了。但正是因为有些汉字是象形文字,所以有时记起来也还是有点儿窍门儿的。在教学过程中,我就经常会发现一些以前从未注意过,但现在用起来很管用的方法让学生们记住汉字。比如,"妈",我告诉学生,妈妈就是女马,总是辛勤地工作;"男"是田地里的力量,田地需要男人去耕作。再比如,"坐",我告诉学生是两个人坐在土地上;"休"就是一个人靠着大树休息;"宿舍"的"宿"就是一百个人住在一个屋顶下等。另外,有些汉字还是形声字,比如"青"字,加上"日",就是天气"晴";加上"心"就是"心情";加上"言"就是"请"等。总之,我需要想尽办法让学生们从各种角度记住汉字。要想记住汉字,当然是学的汉字越多,能够记住的汉字也就越多。因为汉字之间的形、音、意是相通的。

对于俄罗斯学生来说,还有一个比较严重的问题就是笔画顺序问题。我感觉如果母语不是汉语的老师，那么他的学生能把笔画顺序写正确的并不多，因为老师自己都可能把笔画顺序写错，而且他们也不重视笔画顺序的问题。但如果老师的母语是汉语，那么，只要在学生开始学写汉字时，强调笔画顺序并要求学生必须按照正确笔画顺序写字的话，学生很容易就能学会并且记住正确的笔画顺序。我的那些从零基础开始跟我学习汉语的学生，笔画顺序都掌握得非常好，即使有时错一下，只要我发一声"嗯"（二声）学生马上就明白自己错在哪里了。

由此我们可以明白一个道理：不管是汉语发音还是写汉字，最初的一段时间是非常重要的。入手时学对了，后边就都对了；入手时学错了，后期的纠正就是一个漫长的过程了，有时可能就纠正不过来了。我们自己也一样。我曾经对我的中文水平相当自信，但一直把"因为"的"为"念成二声，现在明白四声是对的，但一不留神还是会说成二声。

不过，在纠正学生笔画顺序问题时，学生经常问我一个问题：为什么一定要按你说的顺序写呢？我觉得按照我的方式写得更快。有的学生根本就不想改变他们的书写方式。这让我对于笔画顺序的问题也有了疑惑，的确，为什么非得按照规定的笔画顺序写字呢？期待着能有更合理的解释也解开我同样的困惑。

（六）我做家教

在俄罗斯，至少有一年的时间我差不多是以家教为生的。前边说过，我曾经在一家中国公司在莫斯科代表处做首席代表，到548学校教汉语不过是帮忙的性质。但忽然情况发生变化，代表处撤回中国了，我生活的主要来源没有了。怎么办？一位俄罗斯朋友说我可以试试做家教，因为学习汉语的俄罗斯人越来越多，家教的收入也比较高，像我这样的母语是汉语的老师一定受欢迎。我听了她的建议，在网上的一个家教公司进行了注册，从此便开始了家教工作。

我的要求是学生必须到我家上课，我不外出，每次学习一个半小时。我选择了一套非常好的教材，即北京语言大学特别为俄语学生改编的教材——俄语版《汉语教程》。这套教材给了我很大的帮助，因为它的所有解释包括语法讲解都是中俄文的，学生理解起来很方便；还因为它根据外国学生的特点去编写，可以帮助学生快速入门，学生刚开始学汉语马上就能进行简单对话，对增加学生的学习兴趣很有帮助；该教材在生词的循环学习上也安排得非常好，学生们总能在学习新词的同时，复习已经学过的生词，并且还可以循序渐进地学习一个生词的不同意思。总之，我非常喜欢这套教材，所以在考察了所有教科书后，我选择了它。

我的家教学生最小的8岁，最大的56岁。也有不少年龄更小的学生的家长希望他们的孩子能跟我学习汉语，比如3岁的、5岁的，但我更喜欢教成年人或者大孩子，因为学习外语是需要理解能力的。那个8岁的学生若不是一位好朋友的孩子，我也是不会接收的。

作者黄瀞女士家教班的孩子

学生们跟我学习汉语的目的也是五花八门。大多数学生是在学校学习汉语，但希望水平能再提高，同时跟我学习更地道的汉语也是为了考试取得好成绩。有些学生是为参加HSK即外国人的汉语考试做准备的。还有一些成年人跟我学习汉语就是为了兴趣。比如那个56岁的学生，他已经是个级别很高的科学家了，但学习汉语是他从年轻时起就一直怀着的愿望,所以当他稍有空闲就来学习,以实现他的愿望。还有一位,是美国电脑公司驻俄罗斯公司的负责人,因为想去中国旅行,于是跟着我学了将近两年的汉语。他的发音非常好,就是前边我提到的那位说话差不多像中国人一样的学生,他的汉字也写得非常漂亮。当他在中国旅行时,用汉语点菜,和出租司机聊天,问路,打听事儿,很多中国人都赞叹他的汉语水平。还有一位母亲很有意思,她是俄罗斯电视频道的播音员,她想让自己的儿子学习汉语,但又不确定这事可行不可行,于是决定自己先试试学学汉语,然后再决定是否让孩子学汉语。

当汉语学习到一定的水平,就开始涉及中国的文化、历史、风俗、景观等更深层的知识了。这些知识解释起来有一定的难度,要全面,还要吸引人,因为学生们毕竟不是学者,他们是来学习汉语的,但如果不了解一定的基础知识,汉语就有可能学不下去了。所以我尽量做到言简意赅,并尽可能将中俄的文化、历史及风俗进行比较,找出相同点,这样学生马上就理解了。

我很喜欢一对一的教学方式,因为这样教课更有针对性,更有成就感。当学生因为考了好成绩,或能成功地和中国人交谈,或是因跟我学习而总处于班级第一而向我表示衷心感谢的时候,我为他们感到高兴,自己也感觉非常的骄傲!

第二节 俄罗斯的中小学教师读什么

关于俄罗斯中小学教师读什么的问题，我问过许多一起工作的同事，他们的回答很难让人真正明白俄罗斯的中小学教师到底读什么，因为他们自己都难以说清。最普遍的回复是：非常不同，根据需要。

现代生活的紧张节奏，使得人们感觉自己的时间总是不够用，很少有人可以静静坐下来阅读古典长篇巨著。教师也是一样，平常时间——假期除外，他们只能是需要什么读什么，碰到什么读什么，或者推荐什么读什么。

一、俄罗斯中小学教师阅读概况

从阅读手段上来讲，最主要的是在电脑上、手机上和平板电脑上通过各种网站阅读，然后是读杂志、读报纸，最后才是读书。

从阅读的内容上来讲，最主要的是应付紧急事务需要的信息、资料，包括备课的需要、组织活动的需要、解决临时发生问题的需要；然后是提升知识水平，扩大认知范围方面的信息——多用于提高业务水平或者获得职业认证；再然后就是新闻或者八卦新闻；如果还有更多时间就是流行小说了，一般都是在地铁里读。

二、网络推荐书

在网络上，有一些帮助教师选择读书的推荐信息。因为书海无边，所以为了帮助教师尽快找到可以解决问题的书，可以提高修养的书或者可以在暑假休闲时读的书，网页为教师们提供"教师必读书"推荐，内容包括对书的内容、作者的介绍，并对为什么推荐该书给予解释和说明。接下来为大家介绍几个我认为比较好的推荐，也让大家简单了解一下俄罗斯的中小学教师被推荐读哪些书。

（一）在"教师理事会"的网站上有一篇，题目为《14本对教师有益的现代书籍》的文章，该文章所推荐的书籍是俄罗斯以及外籍专家写的，这些书籍从教学经验和教学方法的角度，对教学各方面做了介绍，它们是：

（1）《为师技巧——经过验证的优秀教师技艺》，作者：杜克·雷莫夫；

（2）《教学艺术——如何让教学过程变得有趣而高效》，作者：朱迪·迪尔克森；

（3）《自由学习——游戏对抗学校》，作者：彼得·格雷；

（4）《灵活的意识——成人和孩子心理学的新观点》，作者：卡罗·杜耶克；

（5）《天才的养成》，作者：豪斯·安东尼奥·玛丽娜；

（6）《不成功的天才学生》，作者：叶莲娜·谢巴拉诺夫娜；

（7）《班主任——如何与困难的学生和复杂的家长一起工作并享受这个职业》，作者：尼娜·杰克逊；

（8）《如何说服孩子学习》，作者：阿德里·法别尔、艾利恩·马兹利什；

（9）《孩子还是怪物？如何做好现代青少年的父母》，作者：安东尼·沃尔夫；

（10）《一个好学校的新老师》，作者：弗拉基米尔·利辛斯基；

（11）《倾听，还是倾听》，作者：朱迪·阿普斯；

（12）《课程+游戏——学生的现代游戏技术》，作者：尤里·古林；

（13）《职业行为与教师的健康》，作者：斯维特兰娜·阿赫梅洛娃；

（14）《解释的艺术》，作者：李·列费威尔。

（二）《教师致教师》和《教师致家长》

这两本书是由俄罗斯国家银行基金会"对未来的贡献"和"观点"印刷集团联合奉献的读物，内容是根据对俄罗斯众多经验丰富、在专业范围中享有声望的老师和学校校长的系列采访编写而成，其中，也有对我们学校校长——人民优秀教师奖获得者拉切夫斯基的专访。

（三）有助教师抗压和生存的7本书

大多数关于教师的书都致力于两件事：如何教好课以及如何让学生感觉良好，但很少有书能告诉教师如何在紧张情况下自助。心理学家叶琳娜·娜婕耶娃为教师推荐了一系列书籍，正好可以填补这个空缺。这些书籍有助于教师照顾好自己，发出自己的声音，并告诉教师如何改善与学生的关系：

（1）《为学校老师提供心理学课程：给疲惫老师的建议》，作者：阿丽娜·比克耶娃；

（2）《怎样在课堂上不发火》，作者：罗曼·季米阳楚克；

（3）《职业行为与教师的健康》，作者：斯维特兰娜·阿赫梅洛娃；

（4）《倾听，还是倾听》，作者：朱迪·阿普斯；

（5）《与孩子沟通：互动训练》，作者：伊万·巴普洛夫；

（6）《孩子还是怪物？如何做好现代青少年的父母》，作者：安东尼·沃尔夫；

（7）《学校的现代化改造，还是新学校》，作者：弗拉基米尔·里金斯基。

《14本对教师有益的现代书籍》和《有助教师抗压和生存的7本书》都推荐了《职业行为与教师的健康》《倾听，还是倾听》《孩子还是怪物？如何做好现代青少年的父母》这三本书，可见其专业性和

049

重要性。

另外，还有一些与教师的教学相关的文学作品，在此就不一一介绍了。

三、《教师报》简介

《教师报》是一份历史悠久的报纸，它创建于1924年，并于同年的10月3日在莫斯科第一次发行，创刊时为周报。第二次世界大战期间，该报曾经迁到外地。20世纪70年代《教师报》曾非常流行，每周发行3次，每次150万份，1974年曾获列宁勋章；1991年成立独立发行机构，从1992年至今每周发行1次；2010年获印刷媒体领域俄罗斯联邦政府奖。

如今《教师报》也有了电子版，可以从网站看到任何关于教育的法律法规文件及新闻报道和研究等方面的文章。这是一份在教育界极有权威的报纸。

第三节 我的邻居
——班主任阿克桑娜的一天

最早认识阿克桑娜的时候,她只是住在我对门的邻居,后来,成了我的同事。可以说,她能够到我们学校工作还是我帮的忙呢。奇怪吧,一个在俄罗斯的中国人帮助俄罗斯人找到了工作。这事儿还要从我们成为邻居开始说起。

我所工作的学校,是个教育中心,小学部、中学部和高中部的校址都在同一个区域,但却是在不同的地方。女儿小的时候,每天都要开车送她上学,一直想着等她长大了,最好她自己能去上学。于是,我们搬到了离女儿未来的中学部很近的小区,离学校走路只有10分钟。阿克桑娜正是住在我们新住处对门的邻居。

阿克桑娜一家有四口人,她、丈夫、女儿和儿子。她的女儿比我女儿大一岁,在上大学三年级;她的儿子那时只有一岁多,所以她暂时没去工作,在家休假带孩子。在俄罗斯,母亲可以休三年产假,只是工资只支付一开始的一年半,但保留工作单位。阿克桑娜在休产假前是一所普通学校的数学老师,学校很一般,离家也比较远。她很想改变自己的工作环境，改变工作方向，于是，在休产假期间，她去学院进修了英语，并且拿到了第二个学位。在产假结束之后，她希望到我们学校工作，因为我们学校在当地很有名气，她希望自己的孩子能进入好学校学习，她自己也能够进入好学校工作。我们在一起聊天时，她谈了她的心愿。我刚好和我们学校负责外语教学的领导奥莉佳（当初是她把我介绍给校长的，她也是英语老师，现在是我的朋友）关系比较好，所以，我就向她推荐了阿克桑娜。也是机缘，当时我们学校刚好有位年长的英语教师要退休，所以，奥莉佳就说可以让阿克桑娜去试试。试了几节课后，奥莉佳感觉阿克桑娜可以胜任我们学校的英语教师工作，于是就决定等那位老教师退休后由阿克桑娜来接替她的工作。阿克桑娜不知要等多久，就去了其他学校工作，收入还不错。过了几个月，终于有一天，奥莉佳让我给阿克桑娜带话，说如果她愿意，可以来我们学校工作了。阿克桑娜觉得她刚把那所学校的工作及关系捋顺，犹豫了一两天，但最后还是决定来我们学校工作了。我问她为什么？她说虽然那个学校的工资还稍微高点儿，但相比之下，我们学校的教学气氛更活跃，领导更注重提高教学质量，学生的品质也更好。所以她觉得在这样的环境中工作会更愉快。

　　从那个时候起到现在已经过去了七八年，阿克桑娜从一个英语教师的"新手"成为了我们学校英语教学的骨干之一。学校交付她的工作也越来越多。如今，阿克桑娜除了要教高考毕业班和中考毕业班的英语，还承担了一个高中毕业班的班主任工作。当然，她做班主任工作今年并不是第一年。阿克桑娜是一个热情、活跃，不断进取的人，她总是关注新的教学动向，学习新的教学方法；她还是一个不知疲倦、勤奋耕耘的人，虽然嘴上总喊累，但还是不停地在做；作为一个女人，她是一个自律的人，在时间允许的情况下，总是尽可能地去健身俱乐部健身，把自己打扮得漂漂亮亮；她还是个能干的女主人，家庭、孩子一把抓，方方面面都照顾到，孩子优秀，家庭和睦。

　　因为住得近，所以我请阿克桑娜到家里来，聊聊她生活中的一天——作为班主任和英语老师的一天。她愉快地接受了我的邀请,聊完了,还问我会不会把她的姓名写在书里。我忙问,可以吗?她说,当然可以。如果你能写上我的名字,我会很高兴。之后还特意把她姓名的正确写法发给了我:帕里欧诺维奇·阿克桑娜·伊万诺夫娜。

她和我聊了一个月前的一天。

和每天一样,她早上8点前到达学校。到学校后的第一件事是确认所有的学生是否按时到校。如果发现有学生没来而且事先也没请假,那么她就会马上给学生家长打电话或者发短信询问。那天,有三个学生没有来上课,都感冒了。在俄罗斯,冬季感冒发烧是常事儿,没有谁能避免这样的情况。好在她及时收到了这三个学生家长为学生请假的信息。

学校早8点30分开始上课,她计划赶在上课前和伊万聊聊。伊万是个各科成绩还不错的学生,但他就是数学成绩比较差,原因是他和数学老师合不来,因此也听不懂数学老师的课。数学老师也觉得与他相处很困难,认为他是个教不会的学生。他们之间的问题已经有一段时间了,阿克桑娜找伊万、任课教师和家长都谈过话,也把三方聚在一起聊过,但她的努力似乎没有起到作用。为了让学生能够好好学习,也为了让老师能够愉快地教课,阿克桑娜把情况汇报了校方主管,最后,学校为了缓解矛盾,决定把伊万调到另外一个班去学习。今天,阿克桑娜就是想趁开课前的时间与伊万再最后谈一次。谈话之后,伊万表示愿意去另一个班学习,阿克桑娜也为此事的妥善解决松了口气。

上课的铃声响了,阿克桑娜开始了这一天中的第一节课。今天,她的课时比往常少,一共5节课,课后要去参加一个颁奖仪式。她现在每周31节课,教学任务相当繁重,特别是还有两个毕业班,她要帮助学生们做好中考和高考的准备。为了帮助学生们学好英语,掌握用英语思考和会话的技能,同时提高学习英语的兴趣,她经常带领孩子们通过网络与其他国家的孩子们面对面地交流,进行主题活动。今天的第三节课，就是这样一节课，与英国的一所学校在SKYPE上进行课堂互动。

今天的互动活动主题是"趣味数学"。这样的活动一般来讲会持续30~40分钟，但要准备这样一个活动需要很长的时间，老师和学生们要一起努力大概一个月。我想，成为阿克桑娜的学生是幸运的，因为她是一个有追求、不懈努力而且不计报酬的英语老师。因为她的积极表现，她成为微软国际教育专家委员会的一员，而正因为她是这个委员会的一员，所以才有了与世界上其他国家的英语教师进行学术交流、教学互动的机会，她的学生们也才有了参与这种互动的可能。为此，阿克桑娜并不多拿一个卢布，但她还是兴致勃勃地去做这些事，看到自己的学生在活动中收获快乐和进步，她由衷地感到欣慰。

上完了第五节课——当天的最后一节课，她可以稍微休息一下了，喝一杯咖啡，吃一个从家带来的三明治，然后，浏览一下邮箱。在邮箱里，她发现了惊喜：前一阵她与班上的7个学生和他们的家长参加了莫斯科市主办的"优秀班主任"竞赛（他们都是自愿参加的），她居然获得了第二名！这真的是意外惊喜！阿克桑娜特别兴奋，马上把这个好消息发在了社交网站上，与参赛的学生和家长们一起分享喜悦。

然后，她开始为接下来的活动做准备。平时上5节课的时候，下课后她都会抓紧时间去健身俱乐部锻炼一到两个小时，再接着做其他工作。但今天她没有时间锻炼了，她要去莫斯科市教育部参加颁奖仪式。去之前，她还要完成一件事，那就是收齐所有两天后一起去英国的学生们的护照和家长委托书。阿克桑娜每年都组织学生们去一趟英国进行学习和实践，让学生们亲身感受欧洲文化。有时也去美国，但比较少，因为和英国比起来，美国离莫斯科太远了，花在路程上的时间和消费要多出很多。她已经是一个经验相当丰富的带队老师了。说起来特别有意思，有一年我和女儿去美国旅游，从莫斯科出发时在机场碰上了阿克桑娜和她的学生们，他们也是去美国，而且我们同机！

和她一起出行的老师也感到非常惊奇，我们是邻居，事先谁也不知道对方也去美国，居然在机场撞上了！这是多么大的缘分啊！

阿克桑娜做完了计划中的工作，开始化妆，一切收拾停当，出发去莫斯科市教育部礼堂。她去参加什么样的颁奖仪式呢？是莫斯科市教育部为莫斯科市数字学校做出贡献的教师举办的表彰颁奖大会。我在前面提到过，阿克桑娜是个思想活跃、不断进取的人，参加莫斯科市数字学校的工作并且取得成绩就是很好的证明。

莫斯科市为了贯彻俄罗斯科教部的计划，率先办起了莫斯科市数字学校（请见本书第三章第六节"俄罗斯的数字学校"）。为了鼓励教师们在数字学校里利用电子计算机踊跃创作优秀教案，数字学校举办了教案编写培训班。要知道，在数字学校编写教案实在不是一件容易的事情，不但要拥有丰富的教学经验，还要掌握大量的视频、听力及文字资料，最后还要熟练掌握电子计算机使用技能，把自己编写的教程完美地呈现在屏幕上。教师中有意参与教案编写者可以报名参加培训班，经过学习、考试，合格者颁发数字学校教师证书。阿克桑娜就经历了这样一个完整的过程。莫斯科市还有一个激励教师们编写优秀教案的举措，就是规定当教师编写的教案在数字学校网页上被点赞及使用500人次以上时就给予教案创作者5万卢布的奖金。阿克桑娜花了3个月的时间包括暑假的全部时间一共编写了15个教案，而且几乎所有教案的点赞都在500人次以上。因此，她被莫斯科市教育部邀请参加颁奖大会。在大会上，她被授予莫斯科市数字学校优秀教师的称号并为她颁发了奖金。

颁奖大会结束了，阿克桑娜怀着欣喜的心情往家赶。今天好事一件接着一件，实在令她非常兴奋。她为自己作为英语教师、作为班主任取得的成绩而骄傲。但她还是个母亲，是个妻子，所以她要尽快赶到家，为家人做上一顿可口的晚餐。说句实话，她的厨艺也非常棒。我们这一层楼的邻居有三家是548学校的教师，每年我们都会举行新年聚会，聚会地点都是在阿克桑娜家，她做饭。另外一个邻居塔齐娅娜有时会带上一两个自制的沙拉,我主要是带酒和水果。我很喜欢阿克桑娜做的饭,真的很好吃。这,就是我的邻居——班主任阿克桑娜的一天。

第四节 俄罗斯的班主任

关于班主任的职能范围、权力及责任，在《俄罗斯联邦劳动法》《俄罗斯联邦教育法》等法律文件上都有说明。从整体上讲，在俄罗斯，班主任的职责范围是非常广泛的。班主任是学校班级生活的组织者，是各种冲突情况下的调解员，是各学科教师和学生之间的协调员，是教育活动的号召人和助手，是学生权利和自由的捍卫者。

班主任帮助班级的孩子们适应团队生活，并协助他们在同龄人中找到自己的位置。班主任组织办理学生在学校的餐饮事宜，记录他们的出勤情况，如果学生一旦发生与健康和生命相关的紧急情况，班主任必须马上与学校管理部门和家长取得联系。

班主任还需要旁听其他学科老师的课并参与他们组织的活动，以及追究学生们在课堂上不当行为的责任（不是从法律的角度来看），这些都包含在班主任的职权范围内。另外，班主任工作还有一个重要的组成部分，就是与社会服务专家、医疗组织和负责未成年事务的监察机构合作。

一、关于班主任——从理论上讲

（一）班主任工作的目的和任务

班主任工作的目的是为学生个性的自我发展和自我实现创造条件，同时为学生能够在未来成功地走向社会创造条件。

班主任工作的任务总的来讲有如下几个方面：

1. 组建和发展班级这个团体；

2. 为学生们的个性发展、自我肯定、保持独特性和发现潜在能力创造有利的心理和教育条件；

3. 使学生们形成健康的生活方式；

4. 通过各种形式的团体教育活动在班级里形成良好的关系体系；

5. 保护学生的权益；

6. 在课堂上与学生一起构成教学工作体系；

7. 在学生之间，学生与教师之间建立人性化关系；

8. 帮助学生形成道德价值观和精神地标；

9. 组织学生进行具有社会意义的创造性活动。

作为一个可以胜任工作，并能成功而有效地履行其职能的班主任，他必须充分了解并掌握与不同年龄学生一起工作的心理教学基础知识，了解教育活动的最新趋势、方法和形式，并拥有现代化的教育理念和培训技能。

班主任在其工作中还必须考虑到学生的受教育水平，以及他们的社会背景和生活条件。

（二）班主任的职能

1. 组织和协调：在班级里组织相关活动，最大限度地挖掘学生积极参与活动的潜力，发展他们的个性特长；通过开展"小教育专家"等专题活动，与学生们一起组织教育工作；激励和协助学生参加各种各样的活动，包括补充教育；与班级里的每个学生和整个团队进行互动；管理文件，诸如班级日志、学生的个人档案及班主任的工作计划等文件。

确保学校与家长的沟通；与学生家长（或者法律代表）建立联系，进行咨询、对话；协助家长（或者法律代表）通过心理学家、社会工作者及补充教育的老师培养学生；与学校的其他教师及教育工作者互动。

2. 交际沟通：规范学生之间的人际关系；建立师生互动；促进班级整体良好的心理氛围建设；协助学生掌握沟通技巧。

3. 分析预测：研究学生的个性特征及其发展动态；确定班级发展的现状和前景。

4. 监督控制：监督每个学生的学习进度；监控每个学生的出勤情况。

（三）班主任的工作形式

1. 以个人出面的形式：进行谈话、咨询、交换意见、提供个人协助，共同寻求解决问题的方法等；

2. 以创立活动小组的形式：组织创意团体、自治团体等；

3. 以团体活动的形式：举行竞赛、表演、音乐会、旅行、集会、比赛等；

4. 班会：一般情况下每月一次，特殊情况临时召开；

5. 家长会：一般每学年召开两次；

6. 学生和家长的联欢活动：节日、游戏、锦标赛。

（四）班主任的类型

目前在俄罗斯有这样几种类型的班主任：

1. 学科教师兼任班主任；

2. 不做其他任何工作的专职班主任；

3. 辅导老师，指导学生进行特定活动或者帮助班级工作。

（五）班主任被禁止做什么

1. 禁止班主任向学生提供任何有可能违反学校章程的任何形式的有偿教育服务；

2. 禁止利用教育活动进行政治鼓动，迫使学生接受政治、宗教或其他信仰；禁止利用教学活动煽动社会、种族、民族或宗教仇恨；禁止鼓励学生在社会、种族和民族基础上的公民排他性、优越性或自卑感，以及宗教或语言的归属；禁止向学生传递违背《俄罗斯联邦宪法》的有关历史、民族、宗教和文化传统的不准确信息。

3.禁止告知第三者关于学生、家长或者教师的个人信息。

（六）班主任应该知道些什么

对于学校的学生来说，班主任是个综合的形象，从各个角度讲都是责任重大，所以作为班主任，有必要具备多方面的知识，具体包括：

《俄罗斯联邦宪法》，俄罗斯联邦政府和行政当局关于教育问题的文件，《儿童权利公约》，教育学、心理学、年龄生理学和卫生学，医疗保健基础知识，教育工作的理论和方法，民法基础知识，儿童教育学，年龄和社会心理学，关系心理学，儿童的个性和年龄特征，学校卫生，教学伦理，教学计划和教科书，教具及其在教学过程中的使用，劳动法基础知识，劳动保护规则和规范，安全和防火知识。

二、关于班主任的故事

作为一名班主任，从理论上讲，他不仅应该明白班主任工作的目的和任务，明确他的职能范围，清楚他应该做什么、不该做什么，同时他还需要具有广泛的知识储备。那么现实学校生活中的班主任是怎样工作的呢？下面我通过对于小学、中学和高中这三个阶段班主任工作的介绍，以形象的描述使大家对俄罗斯学校的班主任工作有一定的感性认识。

（一）小学班主任

在俄罗斯，小学一共4年，孩子的年龄分布为7～11岁，有上学早一点的孩子，其年龄分布就为6.5～10.5岁。班主任在小学阶段的角色还有点儿像幼儿园老师，是带有家长色彩的老师。

小学班主任是在孩子的生命中占有主导地位的人，重要性可能仅次于孩子的父母。小学生刚从幼儿园或者家庭来到学校，一切事物对他们来说都是新鲜的：他们可能对新事物欣喜若狂，急于去了解它、尝试它；也有可能对新事物感到恐惧，抗拒它、躲避它。所以小学的班主任就同时担任这样几个角色：导师、助手、保护者和朋友。他要通过孩子感兴趣或者可以接受的方式帮助他们认识新事物，并且掌握知识和技能；学会适应周围的世界，学会独立；同时还能发现和展示自己的能力。他们的工作范畴涵盖以下几个方面：

1. 道德教育

小学班主任工作的基础被认为是精神和道德教育，帮助学生形成"道德基础"。班级的团队建设非常重要，它有助于形成良好的班风，使孩子们尽快熟悉和喜欢学校；同时也有助于改善教学过程，提高孩子们的学习热情。要达到这个目的，最快捷的方式就是与家长建立密切关系，和家长一起建设班级团队。所以，小学班主任最先着手就是筹备家长会的召开，及时成立家长委员会。一个好的家长委员会的诞生，就是小学班主任工作走向成功的一大步。

同时班主任还会定期组织各种实践活动：带孩子们去参观各种博物馆，和孩子们一起去公园，在俄罗斯胜利节前夕与二战老兵见面，一起欢度各种节日等。所有这些活动都可以帮助孩子们了解世界，增长知识，并全方位增长他们与人相处、掌握社会行为规范等方面的见识。

俄罗斯每年二月下旬至三月上旬，有一个为期一周的隆重的传统节日，叫"谢肉节"，又称"狂欢节"或者"烤薄饼周"。谢肉节是一个可以追溯到俄罗斯多神教时期的传统节日。谢肉节结束后，东正教信徒们就会有一个长达40天的忌日，不能吃与肉有关的任何食物，包括奶制品。40天过后，就是东正教的复活节。2019年的谢肉节为3月4日至10日，在谢肉节的一周时间内，无论是在大街上还是在商城里，到处都洋溢着节日的欢快气氛。薄饼，是节日标志食物，买、卖和品尝薄饼成为谢肉节的一个重要组成部分。在工作单位，人们还会交换品尝各自烤制的薄饼。薄饼吃了，节就算过了。

我工作的学校每逢谢肉节都会举办一个学生和家长共同参加的集市。这是一个义卖集市，集市上所卖得的钱都由学生交给班主任，然后班主任汇总后交到学校，再由学校统一捐赠给孤儿院。集市非常热闹，有音乐、有广告牌，还有行为艺术——孩子们把自己打扮成各种各样的人物。学生们把教室里的课桌抬出来放在学校的操场上，在桌子上摆满他们自制的，或是与家长合作的，或者干脆就是妈妈或者姥姥、奶奶做的薄饼，也有把其他各式糕点、饼干什么的当作商品，并在旁边明码标价进行销售，购买者是学生和他们的家长。这样的活动让学生们从制作、销售到捐赠等一系列环节都学到很多。特别是小学阶段的孩子们，这小小的集市对他们来说简直就是一个五光十色的大世界。

在俄罗斯还有一个节日与其他国家的过法不太一样，那就是"三八"国际妇女节。这个节日在这个国家已经不仅仅是妇女的节日了，它也是男人的节日。这一天，全国休假，大家一起庆祝这个全民节日。最有意思的是，在幼儿园或者小学的班级里，班主任老师和家长们组织所有小男生为小女生准备鲜花和礼物，或者在联欢会上，或者是在课堂上安排时间，老师一声令下，小男生们统一为小女生们送上自己精心准备的礼物，所有人都很快乐。孩子们在活动中潜移默化地学会了尊重女性的礼仪，也学会了如何挑选礼物等。事实上，每年的2月23日，在俄罗斯还有个"男人节"，官称"祖国保卫者日"，同样是法定假日。这一天本是苏联红军的建军纪念日，是所有现役军人和曾经有过军旅生涯的人的节日。在苏联解体后，这一天已经成为所有男人的节日。节日这天，女人们会给男人们送礼物，祝贺节日。在幼儿园和小学，小女生们也会给小男生们送礼物祝贺。这些别具特色的节日庆祝方式就是小学班主任基础工作的一部分，这种精神熏陶和道德教育帮助学生形成"道德基础"，为孩子们的心灵埋下真善美的种子，也为整个社会吹入友谊的和煦春风。

给班上的每个学生过生日，也是班主任的一项非常重要的事情。不仅是在小学，在中学也是一样；只是在小学更隆重些。上了中学或者高中后，学生们就可能是在班主任的参与指导下，自己主持过生日。班上每个学生的生日班主任都记录在册，到孩子生日的前一天，家长会把为小寿星准备的生日礼物，还有与同班同学一起分享的糖果蛋糕或者饼干等送到班主任手里。生日当天，第一节课，班主任就会在全班宣布：今天是某某某的生日，让我们大家祝他（她）生日快乐！学生们就高喊三遍"生日快乐"，唱生日祝福歌。然后，班主任送给小寿星礼物——其实是家长买的，但小寿星不知道。一般礼物不能太贵重，最好是一本书或者画册之类的。这个不成文的规定是在开家长会时班主任和家长们就约定好的。送完礼物后，老师就把小寿星家长带来的糖果饼干分给孩子们，大家一起感恩父母，分享快乐。班主任还要在孩子们的欢呼声中用两手捏住小寿星的耳朵往上提，一边提一边说着比如希望孩子长高长大之类的祝福。过生日让孩子们意识到生命来之不易，学会感谢母亲，学会与人分享，一起快乐。

有时候家长忘了给班主任送去小寿星的礼物，班主任就会自己送上礼物，因为不愿意让孩子失望。我个人就有过一段这样的经历。女儿的生日，我只准备了送给全班孩子分享的东西，却偏偏忘了为女儿买生日礼物。那一天我既焦虑又忐忑，坐立不安，怕女儿得不到老师的礼物会沮丧，也不知道自己该怎么给她解释。可是女儿放学回来后一脸兴奋和激动，高高兴兴地讲了在班上过生日的过程，还告诉我老师送给她一个很漂亮的杯子。我当时真是如释重负，而且非常感谢老师的及时补救。这个杯子我们一直珍藏着，它不但是孩子生日的快乐见证，更是老师对孩子贴心关爱的真切体现。

在俄罗斯，小学班主任同时兼任各主要科目的教学：俄文——也就是我们的语文，数学、英文和"我们周围的世界"（集各学科为一体的专门为小学生设置的课程，了解最基本的物理、化学及生物等方面的知识）。从1年级到4年级，学生们和班主任学习和工作在一个固定的教室里，除了音乐、体育等课程需要专业老师训练指导外，班主任总是陪伴在孩子们的身边。

2. 教学

俄罗斯的学校一般从8点30分开始上课。小学校每节课40分钟，课间休息15分钟，每天有4~5节课。班主任的工作时间就是学生在校的上课时间，一天的课程结束后，班主任可以根据具体情况安排自己的工作时间。比如填写日志、审阅作业、找学生或者家长谈话、为一些活动做准备等，只要自己当天的工作任务完成就可以下班了。

小学是学习生涯的启蒙时期，要帮助孩子们养成良好的学习习惯，并致力于培养他们的学习兴趣和提高他们的学习热情，所以老师不给刚上学的1年级学生评判作业分数。只是在作业本上写上"好"或者"很好"等字样，或者画上小画儿，多以鼓励为主。班主任老师画的画儿和标记有些只有家长能看明白，那就是孩子哪里做得不好了。如果孩子的学习不太好或者不完成作业，班主任会找学生谈话，和学生一起分析原因对症下药。总之，班主任对待孩子的态度是非常温和的，他们会想尽办法帮助孩子们适应学校的生活或者社会生活。

当然，学校里也有非常调皮的孩子，甚至一点儿也不学习的孩子，班主任在和他们谈了多次都无济于事的情况下，就会将情况通报给专门负责教学的副校长。如果副校长和学生谈话还是没有效果，就会找家长谈话了。所以其实小学生最怕的一句话就是：我现在给你的家长打电话。

在学习上，1、2年级的时候，孩子需要父母的帮助，但逐渐会变得独立、主动、视野开阔，学会自主规划学习。3、4年级时，孩子们大多数都可以独立完成作业，不仅如此，而且能和其他同学进行合作，共同创作用于课程练习、游戏问答、知识竞赛及班级联欢会等场合的作品。到小学结束时，学生们已经可以独立参加主题活动，不仅充分实践了4年来所积累的知识，而且能够以更积极的姿态去了解周围的世界，为下一阶段的学习做好充足准备。

3. 课间散步

在俄罗斯，小学1~4年级每天有一次国家提供的免费早餐。班主任负责登记用餐人数和早餐发放。早餐时间是第二节课下课后。之后是散步时间，这个散步时间延续一整节课。各班的学生们都在一起玩耍，班主任或者和孩子们一起玩，或者在旁边陪伴，随时观察每个孩子的动态并及时调整，做到让每个孩子都是愉快的。这也是班主任了解孩子的一种途径，是和孩子们进行充分沟通、建立深厚感情的时间，这段时间是孩子们终生难忘的。在这样新的环境里，他们与各种各样的小朋友交往，认识了不少新事物，同时身心得到极大的放松，有不少学生就是这样与其他班的学生进行交流结下了友谊的。

小学的班主任更像母亲，除了教授孩子们一些基础知识和人生常识外，还帮助孩子们料理一些生活中的事情。比如，帮助小女生梳头、帮助孩子们穿戴整齐等。孩子们在温暖愉快的环境里完成了从儿童时代向少年时代的转变，进入人生的下一个阶段——中学时代。

（二）中学班主任

当中学的班主任，是最累心、费神、耗体力的工作了。事情最多，最难！学生们慢慢形成了自己的个性，变成了少年的他们，慢慢进入青春期，这就意味着孩子们有主见了，开始不听话了。班主任也因此不得不变得严厉了——从各方面严格要求学生是中学班主任的特色。

在俄罗斯，中学生以"走读"的形式上课，即上什么课去什么教室。教室的布置因学科而定。比如文学课教室会有很多文学家的照片或者他们写的名句、名诗等。数学课教室会有很多著名数学家的图片，还有数学公式。学生们的"家"，就是班主任老师任课的教室，也是班主任的办公室。如果学生找班主任有事，就去班主任教课的教室；如果班主任有事找学生，就去学生上课的课堂上找。但是如果学生正上英文课就稍微麻烦一点儿了，因为英文课分小班上课，一个班可能会分成2~3个小班。我女儿中学时的班主任是历史老师，所以，上历史课的教室就是他们班的教室，他们老师的办公桌就在这个教室里，家长会也在这里举行。

班主任的严格表现在对于课堂纪律的要求上：上课不允许学生说话，甚至不允许回头往后看。如果发现谁不认真听课，老师就会马上提出警告。班主任会经常去其他学科的课堂上"探班"，并向其他学科的老师询问本班学生的学习情况，如果发现谁没来上课或者听到负面信息，班主任会马上给予相应的处理。

班主任的严格还表现在对于作业的要求上：学生必须按时完成所有作业，如果在提醒之后还不能完成，班主任就会找家长谈话。学生必须认真修改写错的作业，如果不按要求修改，也会受到批评。

班主任对学生的严格还体现在对其服装及外表的要求上。比如在学校必须穿校服，必须换上在学校穿的鞋，而且鞋底不能是黑色的，以免把学校地板弄黑，不好清理。比如发型，女生不能披散头发，长发要梳起来，不能遮住眼睛等；不允许女生染指甲、染发、穿跟儿太高的鞋等。

班主任会通过电子杂志和电子日记与家长和学生沟通（关于电子杂志和电子日记请见本书第三章第六节"俄罗斯的数字学校"）。班主任及各科老师通过电子杂志向家长汇报学生的学习情况并交流学生的各方面表现；家长通过电子日记，了解学生的各科学习成绩，课程安排及学校活动安排等。

和小学班主任一样，中学班主任也会在开学之初召集家长会，制订学期活动计划，并列明所需费用。一般来说，班主任会列出几个活动项目供家长选择：一般是带领学生参观博物馆，和学生一起去郊游，或者组织学生到其他国家学习。比如中文学校的学生去中国学习、学习英文的孩子去英国或者美国学习等。总之，中学班主任尽可能组织各种有益于学生身心发展的活动，帮助他们健康快乐成长。

对于中学生来说，9年级的中考是比较重要的，它关系到学生是否可以升入高中或者进入自己喜欢的中等专业学校。俄文和数学是必考的，其他科目学生可以根据自身情况自由选择，但必须再选择两个科目，只有4门考试成绩都及格了，学生们才可以拿到初中毕业证书。班主任此时会特别关注学生的学习状况。根据学生的具体情况提出建议，比如是否需要请家教或者参加补习班等。

对于中学班主任来说，还有一件非常重要的事情就是组织毕业典礼。这个毕业典礼非常重要，因为中学毕业之后，学生们就各奔东西了，有的去读高中，但可能同在一个学校却因选择专业不同而不在同一个班；有的去中等职业学校学习，和读高中的同学也不在一起了。如此重要的活动，同样是由班主任召集家长开会商定方案，然后由班主任和家长委员会成员共同执行。准备内容包括选活动场地、购买食物、请演员、拍毕业照、制作相册等。班主任会根据自己掌握的班上学生们的家庭情况，参与意见，提出适当的费用建议，既要把活动搞得精彩，又不能让不太富裕的家庭为难。

总之，孩子们的青春期、走向成年人的第一步都在中学时代完成，从单纯变得有点儿复杂，从大量吸取知识到明白自己将要选择的专业，这是一个成长中的混合过程。班主任在这个过程中是孩子们的严师、助手和朋友，陪伴他们走完这段人生奇妙的旅程。

（三）高中班主任

高中的班主任做起来就相对比较容易，因为学生们都长大成人了，都相当有个性并且有了自己行事的原则和标准，有了自己的生活方式和学习习惯，比之前要成熟稳重许多，不需要班主任再多说什么，从另一个角度来讲，说什么也不会有太大作用了，毕竟，他们已经是高中生了。

在俄罗斯，无论是一般的老师还是班主任，对待高中的学生就像对待成年人一样了。班主任与学生之间的交往更多倾向于朋友式的交往，什么事都以商量的口吻交谈。除非学生不来上课或者打架，或者出了事儿，一般情况也不会特别去找家长来学校。

学生之间谈恋爱，女生化妆，或是穿非常漂亮的衣服，老师们都认为是正常的，班主任不会因为这些事去找他们谈话。

　　这个时候，最重要的是学习成绩，因为要迎接相当重要的高考。学生本人和家长都会各自尽最大努力去备考和服务考生，所以班主任也不必为此花费太多精力。

　　这个时期，班主任做得比较多的工作就是准备各种文件：高考时需要的文件，毕业时需要的文件等。

　　毕业典礼同样是件非常重要的事情，是比中学毕业典礼更隆重的事情。学生们要正式离开学校，走向成年人的世界了！班主任还是像组织中学毕业典礼一样，召集家长开会，讨论毕业典礼的各种事宜，但是具体操作基本上就交给家长委员会了。这样看来，做高中的班主任可能是最省心的了。

第五节 俄罗斯学校的教师级别及认证

我在莫斯科一所很著名的学校教了十多年的中文,一开始并不清楚教书需要级别认证的事情。可能是教了一年或者两年以后,有一天学校负责办理教师级别认证的副校长找到了我,让我提供各种文件,说她要帮我去办理级别认证。十几年前我对于文件性的俄语掌握得还不是太好,所以,她能够帮助我,我当然非常高兴也很感激。过了一个多月,她让我去办公室,给了我一张A4纸大的印有浅绿色图案的教师级别证书,是一级证书,这是我第一次拿到教师级别认证书。

证书的内容包括被认证人的姓名、出生日期,任教课程及学校的名称,学历、毕业学校和所学专业,在提出认证申请之前5年内所接受培训的证明,工龄及教龄、教学能力与一级教师要求相符的说明,参与认证的认证委员会委员数量、投票委员数量,认证书签署日期,认证级别及有效期。一级证书有效期为5年。这就是我对俄罗斯教师级别的最初认识。

后来随着工作时间的增长,我对于俄罗斯教育方面的内容也慢慢了解得越来越多,对于俄罗斯教师级别认证也有了比较清晰的概念。

目前俄罗斯施行的对于教育工作者的级别认证,是根据俄罗斯科学教育部2014年4月7日276号的法令执行的。而276号法令是在俄罗斯科学教育部2010年3月24日第209号(已废除)《关于国家和市政教育机构教师认证程序》的基础上重新修改制定的。

276号法令明确说明,对教师进行认证的目的,首先是确认其教学能力是否符合所教学科的基本要求;然后是评估和认证其所具备能力的资格类别。

对教师进行认证的宗旨就是有针对性地、不间断地促进教师资格水平的提高,促进其专业水平、教学方法和个人成长的发展;确定提高教师技能的必要性;提高教学活动的效率和质量;调查教师潜力可利用性的前景;明确联邦国家教育标准对于实施教育计划人员的要求;保证由于级别和工作量不同而形成的工资差异。

俄罗斯的教师级别认证有两种:一种是必要认证,即强制性认证;另一种是自愿认证,即由老师自愿提出申请而进行的认证。两种认证的有效期都是5年。

一、必要认证

必要认证是作为教师进行教学工作的必要条件,即认证该教师各方面的能力是否与其担当的教学工作要求相符。由雇主即校方向认证委员会提出申请。认证委员会由学校内部成员组成,成员需要包含一位教师工会的代表。雇主即校方需要在认证前30天向教师解释认证法令及认证时间、地点等各项事宜。

认证的结果有两个:一个是该教师各方面的能力与其担当的教学工作要求相符,该教师可以承担该教学工作;另一个是该教师各方面的能力与其担当的教学工作要求不符,该教师不能承担该教学工作。

取得否定结果的教师将被辞退或者改做其他工作。如果该教师对评定结果不满可以提出异议。

一般来说,师范学院毕业的大学生本身就具备了这个必要条件,可以直接进行必要认证。

二、自愿认证

自愿认证是教师根据自己的愿望，自愿申请进行的教师级别或者说教师资格的认证。认证级别有两个：一级和高级。资格类别的有效期为5年，不能延长。认证委员会是由地区或市的教育行政机构组成的。比如我的认证资格证书，就是由莫斯科市教师级别认证委员会颁发的。如果教师在获得了第一个级别的认证后希望得到高级别认证，需要在两年后再提出申请。如果认证资格被拒绝，那么一年以后可以再提出申请。

认证委员会在收到认证教师级别的申请之日起30天内必须开始进行审议，开始审议到做出决定的时间不得超过60天。

（一）一级教师应该具备的条件

1. 根据学校的监测，其学生完成教学计划的结果是稳定的、良好的；

2. 根据俄罗斯联邦政府2013年8月5日建立的教育监督系统监测，其学生完成教学计划的结果是稳定的、良好的；

3. 经考查确认其学生在科学（理性的）、创造力以及体育活动等方面的能力是积极发展的；

4. 个人对于提高教育质量，改善教学和教育方法，向同行传授自己工作实践中的经验等方面做出贡献；同时能够积极参加教学法教师协会的工作。

（二）高级教师应该具备的条件

1. 根据校方监测，其学生完成教学计划的结果是有成就的、活跃的；

2. 根据俄罗斯联邦政府于2013年8月5日建立的教育监督系统监测，其学生完成教学计划的结果是有成就的、活跃的；

3. 经考查确认其学生不仅在科学（理性的）、创造力及体育活动等方面的能力是积极发展的；而且参加奥林匹克比赛、各种竞赛、节庆活动和体育项目比赛等；

4. 个人对于提高教育质量，改善教学和教育方法，富有成果地运用新的教育技术，向同行传授自己工作实践中的经验——包括教育的实验和创新等方面做出贡献；

5. 积极参加教学法教师协会的工作，致力于开发教程软件和专业比赛软件。

从法律上介绍和讲解教师的级别认定是比较容易的，但真正去进行认证，其过程是极为复杂的。申请人要准备许多资料，还需要有业务培训证明等。因此，在俄罗斯联邦各地区、市有不少为此而成立的培训机构，帮助教师们进行级别认证所必需的培训，就像帮助学生们进行中考和高考的准备一样。

我很幸运，因为我工作的学校在莫斯科排名前20名之内。排名在前20名之内的学校有一些自主权，有校长的推介信，程序和要求就简单一些。当然这只是对于一级教师的认证而言，高级别认证还是比较难的。这也就是为什么我那么顺利就拿到了一级教师认证书的原因。但我还是非常骄傲的，因为作为汉语教师，能在俄罗斯拿到一级教师认证书的中国人毕竟寥寥无几。

（三）莫斯科市级别认证的一点儿改革

从我开始在莫斯科教书到现在已经十几年过去了。这期间，莫斯科的教育在许多方面都有很大改进。这里我就说几点关于级别认证方面的改革。

电子形式的简化认证系统在莫斯科已经实行了4年多了。这对于一般学校的教师来说真是个福音：如果教师希望认证，他只需要按两个按钮：选择认证级别和提交申请。在没有教师参与的情况下，城市认证委员会将考虑他的陈述及其工作成果。教师的工作成果，即该教师学生成绩的动态，城市认证委员会可以直接从信息系统下载相关数据，而不会影响该教师的工作。

当然，运用这种简化模式进行级别认证是有前提的，它只适用于以下这样的老师：

1. 对所在学校进入莫斯科学生教学质量排名前列做出贡献的老师；

2. 作为中考专家没有被批评和违规行为的老师；

3. 专业比赛的获奖者；

4. 在认证间隔期间获得"莫斯科市荣誉教师"称号的教师；

5. 其学生的学习成绩一贯优秀的教师。

第六节 俄罗斯学校教师的荣誉称号

给予教师奖励,是对教师工作重要性及意义的认可,也是公开赞扬教师工作成果的表现形式。它对促使教师遵守劳动纪律,调动教师的积极性及使教师明确积极工作所带来的综合影响发挥着重要的作用;同时,有助于在精神上和物质上激发教师们的工作热情。

《俄罗斯联邦劳动法》第191条明确了对于认真履行工作职责的雇员的激励措施:

1. 表示感谢;

2. 给予奖励金;

3. 授予荣誉证书;

4. 授予专业最佳职称。

这里的激励措施分为物质奖励和精神奖励两种,《俄罗斯联邦劳动法》不排除劳动者同时接受若干奖项。每种类型的奖励都可以以奖励金的形式呈现(可以是钱的等价物,也可以是贵重的礼物)或颁发奖章。

一、俄罗斯教师的行业奖励

在俄罗斯联邦，鼓励教师的奖励制度有两种类型：俄罗斯联邦科学教育部颁发的行业奖励和教育领域的国家奖励即总统奖。教师的行业奖励是根据俄联邦科教部1999年1月13日第44号命令制定的。行业奖励是鼓励和激励教育工作者在教育、教学、科学和经济方面取得成就的一种形式。

俄罗斯行业奖励有以下几种：

1. 乌申斯基奖章，康斯坦丁·德米特里耶维奇·乌申斯基，1823—1870年，俄罗斯图拉人，毕业于莫斯科大学，曾任法律专科学校教师、孤儿院教师、斯莫尔尼贵族女子学院学监；曾因倾向进步而被解职，并被遣送出国，滞留国外达五年之久。他是俄罗斯科学教育学的创始人。以他名字命名的奖章是俄罗斯联邦教育和科学部长于2004年10月6日第84号命令"关于教育和科学领域的徽章"批准的；

2. 俄罗斯联邦普通教育荣誉工作者奖章；

3. 俄罗斯联邦初级职业教育荣誉工作者奖章；

4. 俄罗斯联邦中等职业教育荣誉工作者奖章；

5. 俄罗斯联邦高等职业教育荣誉工作者奖章；

6. 仁慈和慈善奖章；

7. 俄罗斯联邦科教部普通教育和职业教育证书；

8. 俄罗斯联邦科教部普通教育和职业教育嘉奖。

应该说明的是，以上奖项在工龄上都有明确要求。比如，"俄罗斯联邦普通教育荣誉工作者奖章"获得者至少要有12年在教育机构工作的经验并且具有高级或一级教师级别。"俄罗斯联邦科教部普通教育和职业教育证书"获得者需要在教育系统有不少于5年的工作经历。"仁慈和慈善奖章"获得者需要在学前教育机构、普通教育机构及特殊教育机构——收留残疾、孤儿及没有父母监护的孩子的机构工作12年以上。

二、俄罗斯教师的国家奖励

根据俄罗斯联邦总统令,1995年12月30日确定了《关于设立俄罗斯联邦荣誉称号,并颁发与荣誉称号相应徽章的说明》。1996年3月25日俄罗斯联邦教师的荣誉头衔被列入俄罗斯联邦系列国家奖励,一共有三种:"俄罗斯联邦荣誉教师""俄罗斯联邦高等教育荣誉工作者"和"俄罗斯联邦人民教师"。其中,"俄罗斯联邦人民教师"对于教师来说是最高的荣誉称号,它是给予那些在教育领域取得杰出成就、做出卓越贡献的教师的。

(一)什么是俄罗斯联邦的国家奖励

俄罗斯联邦的国家奖励是对于俄罗斯公民奖励的最高形式,奖励那些为捍卫祖国,为国家建设,在经济、科学、文化、艺术、教育、健康等领域,为公民生活和权利及慈善活动等做出巨大贡献的优秀公民。

俄罗斯联邦国家奖励的创立人是俄罗斯总统,由总统发布命令授予荣誉称号,只有总统和总统授予权力的人,才有权力颁发奖章。

(二)俄罗斯联邦荣誉教师

俄罗斯联邦荣誉教师称号颁发给中小学及中专、技校等中等教育机构的教师,以及为教育工作者提供培训的教育机构的教师。

俄罗斯联邦荣誉教师应该具备的条件是:

1. 保障中小学生获得高质量的普通教育和中等专业教育;
2. 识别和发展学生的独特能力,发现他们在科学方面的潜力和创造力;
3. 为地区、全俄和国际奥林匹克竞赛准备人才;
4. 在科学教学法和方法论方面,完善教学过程和教学标准;拥有独创的教学法并创作具有革新意义的教学法教材及方案;
5. 为教师队伍提高资质开展培训和连续培训活动。

通常,只有工作20年以上的教师才有资格去申请这一殊荣。

俄罗斯荣誉教师奖项颁发的时间不固定,由俄罗斯总统根据国家奖励委员会提供的报告决定。

（三）俄罗斯联邦高等教育荣誉工作者

这是颁发给俄罗斯高等院校教师的荣誉。在此就不多说了。

（四）俄罗斯联邦人民教师

俄罗斯联邦人民教师的荣誉称号是俄罗斯教育领域杰出人士的最高荣誉称号，它是针对所有教育工作者的。

俄罗斯联邦人民教师荣誉称号颁发给那些为国民教育的发展及大众化做出突出贡献，他们的学生在科学、社会和工业领域取得了优异成就的中学老师、大学老师和教育机构的其他员工。

通常，在授予俄罗斯联邦荣誉教师或俄罗斯联邦高等学校荣誉工作者荣誉称号10年后，才可能授予俄罗斯联邦人民教师的荣誉称号。

俄罗斯联邦总统颁布法令，在每年的教师节庆祝活动前夕（10月5日）颁发一次俄罗斯联邦人民教师荣誉称号。

我很幸运，因为我身边就有一位俄罗斯联邦人民教师荣誉称号的获得者，他就是我们学校的校长。

（五）其他

俄罗斯联邦总统奖即国家奖励，现在还扩展到了颁发给俄罗斯联邦年度优秀教师及学术项目和国际学术竞赛的获奖者。

三、奖励带来的福利

奖励是激励和鼓励教师积极、认真工作的形式，同时获奖者也会得到相应的社会福利。

俄罗斯联邦普通教育荣誉工作者奖章的获得者，每月可以获得其工资20%的奖励金，这笔费用由所在单位支付。

俄罗斯联邦荣誉教师和俄罗斯联邦人民教师荣誉称号的获得者，他们的工资在原有基础上提升一级。

总统和政府教育奖及俄罗斯联邦年度优秀教师奖获得者在退休后，经过个人申请，每个月除养老金外，还可以获得终生的额外津贴，津贴为退休金的330%。

第七节 俄罗斯的教师培训

在俄罗斯，几乎所有关于教育的事情都有法可依，当然，随着时间的推移，有时会对一些法律条例进行修改，以顺应时代的发展。由于区域的不同，执行法律的方式方法也可能有区别，但总体来讲，法规是非常严格的，对于教师的培训也不例外。

俄罗斯联邦2012年12月29日发布的第273号新《俄罗斯联邦教育法》对于教师培训就有明确规定：教育工作者有权在教育工作领域至少每3年接受一次职业培训。这期间的具体培训时间由所在校领导决定。

一、俄罗斯教师职业培训介绍

（一）什么是教师职业培训

教师职业培训旨在更新教师的理论和实践知识，完善其专业技能，以适应时代对于教师不断攀升的职业要求。同时，在培训过程中，教师将获得必要的全方位的最新科学成就信息，以及先进的国内外经验。因此，职业培训就是对教师进行再教育，以提高其专业知识、技能和本领，并在教学工作中得以实施。事实上，俄罗斯教师每

5年必须进行一次资格认证以保证继续工作的资格。在认证时，一个必要条件就是必须说明在5年中进行了哪些培训，培训后获得了什么证书。因此，职业培训是不可或缺的。

（二）教师培训期限

职业培训可能是短期的，但不能少于16个小时；也可能是长期的，通过全方位深度学习获得资格晋升，这样的培训不少于250个小时。培训可以一次性完成全部课程，也可以分阶段完成，还可以按学科分门别类完成，以及在网上完成全部课程，或者还可以选择全部或部分以实习形式完成。但有一点必须说明，参加单独的一次性研讨会、"圆桌会议"或者推荐会都不能称之为培训，参加这种活动获得的证书也不能算作职业培训的有效证书。

（三）教师培训期间的工资发放

根据俄罗斯联邦法令，给教师提供培训条件和培训机构属于该教师所在单位的职责范围，其单位（雇主）无权要求员工自费进行培训；同时，不能在相关协议里有让员工自费培训的条款。在教师和校方缔结的协议中，双方都必须履行相应的业务：教师有进行职业培训的权力，但培训内容是与学校工作安排相关的或者是学校指定的；校方在教师培训期间要遵守承诺，保留该教师的工作（职位），并每月按时发放参加培训教师的基本工资；如果培训期间教师需要到其他地方进行培训，则差旅费由所在单位按照相应标准支付。如果教师是经校方决定送去进行培训的，那么培训是全免费的，工资照发。

二、俄罗斯教师培训途径（方式）和形式

（一）俄罗斯教师培训的途径（方式）

1. 在大学（学院、系或者教研室）根据不同的教学计划进行培训；

2. 针对学校管理阶层的培训在针对性比较强的机构或者是大学、研究中心等地方进行，而且不仅仅是在俄罗斯境内进行，也可能去其他国家培训，包括参加各种科学活动和推介会；

3. 短期培训项目，一般在20个小时之内，包括讲座进修班、训练小组以及在大学或者分校举办的大师班；

4. 有外国专家和其他俄罗斯科学机构参与的联合研究和科研活动；

5. 出访的培训活动，包括短期课程、研讨会及暑期学校；

6. 在大学及其分校的个人实习；

7. 远程互动教育培训——在网上听课并进行考试。

（二）俄罗斯教师培训的形式

1. 短期培训项目

持续时间在72小时之内。培训内容是在教师专业活动学科领域的实际问题框架内进行的。在课程结束时，每个参加培训的教师都要准备一篇根据课程中所学资料为主题而写成的论文并进行答辩，或者进行考试。在成功完成认证活动的情况下，参加培训的教师将获得合格证，证明他在教育机构接受了短期培训。

2. 长期培训项目

培训的完整过程在100个小时以上。在此类课程的框架内，教师们深入研究教学领域的现实问题和创新项目。在课程结束时，参加培训的教师要参加测验或者考试，或者撰写一篇根据课程培训所学资料为主题的论文并进行答辩。如果参加培训的教师成功完成认证活动，培训机构将向其颁发证明他们接受过深度培训的证书。

3. 专题或者主题研修班

培训时间不多于100个小时，不少于72个小时。研究可能是有争议的全社会共同关心的问题，也可能是研究培训教师所面临的劳动和科学范围内的现实问题。在课程结束时，教师们参加测验或者考试，或者撰写一篇根据课程培训所学资料为主题的论文并进行答辩。如果参加培训的教师成功地完成认证活动，那么他会成为专业证书的拥有者。

第八节 俄罗斯教师的薪酬和休假

根据2008年12月1日引入的新劳动报酬制度,俄罗斯联邦国有单位的工资由各企事业单位的领导根据实际情况发放。新的工资制度取代了单一工资系统,允许企事业单位的管理者独立管理工资基金并奖励优秀的劳动者。这并不意味着工资的减少,实际上俄罗斯的工资基金增加了30%。

一、俄罗斯教师的薪酬

(一)俄罗斯教师每个月的薪酬是多少

虽然俄罗斯从上到下时时刻刻都在讲关于教师工作的重要性、专业性及教师工作的严谨和辛苦,但俄罗斯教师的工资水平只处于社会工薪阶层的中等水平。这还是因为俄罗斯总统普京签署了命令,要求俄罗斯教师的工资不得低于所处地区的中等工资水平。

俄罗斯地域广阔,各区域的经济发展水平各不相同,这就造成了各地教师的工资水平差异悬殊。根据2018年的统计数据,远东和自治区的教师收入最高——那里的平均工资达到每个月9万卢布(相当于人民币近9 000元)。而阿尔泰和北高加索的教师薪水最低,那里教师的平均工资在2万卢布左右（相当于人民币近2 000元）。莫斯科2018年教师的平均工资是7万卢布（相当于人民币近7 000元），而在圣彼得堡工作的教师每月至少是6.5万卢布（相当于人民币近6 500元）。

远东举例说明：

萨哈林州，是俄罗斯联邦主体之一，属俄罗斯远东地区，其支柱产业是石油天然气开采业、海洋捕捞业和煤炭工业。2019年的教师平均工资为86 299卢布。

马加丹州，位于俄罗斯东北地区，地理位置优越，处于亚太地区的中心地带。马加丹州地下蕴藏着丰富的金属资源。科雷马流域是世界上矿产资源最为丰富的地区之一。鄂霍次克海北部海域是世界上海产品最丰富的地区之一。马加丹州地处偏远，自然气候条件相当恶劣。2019年的教师平均工资为77 229卢布。

自治区举例说明：

亚马尔—涅涅茨自治区，位于秋明州的北部，西西伯利亚平原的极北地带，地域的50%在极圈内，处在永久冻土带，气候严寒。天然气和石油是亚马尔—涅涅茨自治区最主要的天然财富。该地区是世界上最大的天然气区。2019年的教师平均工资为91 305卢布。

楚科奇民族自治区，为俄罗斯联邦一级行政区，濒临东西伯利亚海、楚科奇海和白令海，位于亚洲大陆的东北角，是世界的最东北端，有"地球东极"之称。该自治区大部分区域在北极圈内，面积73.77万平方千米，比中国的青海省面积大一点。2019年的教师平均工资为96 598卢布。

根据已批准的计划，2019年俄罗斯学校教师的工资应再增加5.5%；学前教育机构的教师工资增长6%；幼儿园教师的工资提高10%，其他文化机构员工的工资应提高30%。

（二）俄罗斯教师工资的构成

俄罗斯每所学校的工资基金是根据人均费率形成的。学校从每个孩子的教育中获取国家拨付的资金——根据孩子的数量，而不是根据教育机构与地方当局的关系。学校努力为学生们创造良好的学习条件以吸引学生，学校自行决定什么样的老师适合在该校工作。学校根据政府提供的资金数量独立形成教师名额配置，构建良好的教师队伍。因为制订和完成教学计划的人——教师，是一所好学校的中坚力量，所以，增加教师工资也成为校方工作的重要组成部分。吸引学生和吸引老师是相辅相成、相互促进的。有一点要解释一下：学校不会因为学生来源可以提供资金而无限制地招生，因为按俄罗斯教育法规定，一个班的学生数量不得超过25个孩子。但实际情况是，受欢迎的学校有时候不得不每个班多加些学生，比如达到30个学生一个班；但不太受欢迎的学校，一个班可能达不到20个学生。

学校的工资单分为两部分：基本工资和激励工资。

工资基金的基本工资为教师工资的固定部分：履行基本职责，工作量和具备基本工作条件。基本职责包括授课、检查作业、补课；规定工作量为每周18课时。工资基金的激励部分是在学校理事会的参与下，根据教师工作质量等各方面的因素而制定的加分：班主任、教研室主任、检查作业、课外活动、教师级别、学生人数、超课程量、课程难度、荣誉称号及由于教师的努力，其学生获得奖项或者教师本人获得奖项等。

二、俄罗斯教师的休假

（一）依法而定的假期

关于俄罗斯教师的休假规定和内容可以从俄罗斯的法律文件来了解，它们是：《俄罗斯联邦劳动法》、《俄罗斯联邦教育法》、俄罗斯联邦政府2015年5月14日发布的《关于享有年度带薪长假的决定》及2014年12月12日俄罗斯科学教育部发布的"法令"——《关于教育工作者的工作时间（以工资为标准设定的）及在劳动合同中确定教学负荷的制度》。

概括起来，这些法规文件的重点是：

必须提前通知员工假期的时间；

在员工休假之前支付休假期间的工资，工资按休假前3个月工作的月平均工资计算；

向员工申明：享有定期休假，即暑假；

如果员工有令人信服的理由，可以在一年中的任何时间获得无薪假期；

教师与通常的工作人员相比，其休假时间增加一倍（标准休假时间为28天）。

（二）假期天数和适用人群

一般而言，俄罗斯教师的假期存在两种类型：56天和42天。

来自下列几种教育机构的教师可以休假56天：

1. 小学、中学和高等教育机构；
2. 联合学校和技术学校；
3. 培训机构；
4. 学校的心理援助工作室；
5. 从事教学活动的医疗机构。

来自下列几种教育机构的教师可以休假42天：

1. 学前教育和补充教育组织；
2. 从事教学法研究工作的研究室；
3. 其他教育机构。

简而言之，即在学校里和相关教育机构，教课的老师休息56天，而从事行政工作的老师则只休息42天。

在俄罗斯，对于中小学的学生来讲，暑假时间为3个月，即每年的六、七、八月。教师在六月还保持着工作状态，但工作节奏轻松多了。如果六月不需要做很多工作，可以写情况说明申请休假。这样做的结果只是工资少一点儿，但却可以休息差不多3个月的时间，教师可以得到充分的休息。

(三) 其他

还有一种是只有教师才享有的特权——俄罗斯教师有权每10年（至少）休一次长达一年的假期。原因就是教师工作太辛苦，需要放松神经，目前有关部门正在讨论给予教师每5年一次的一年休假问题，目的是缓解教师的工作压力。

第九节 俄罗斯中小学教师的业余生活

关于俄罗斯中小学教师的业余生活似乎是个比较难以讲述的话题。我和身边的一些教师朋友进行沟通，询问她们业余生活都做些什么。她们回答得非常简单：能做什么？每天都忙着工作，工作之余忙家务，然后就没有其他的空闲时间了。这是那些中年教师。年轻一些的教师即使还没有家庭或没有孩子的似乎也并不轻松，而孩子已经长大、生活又回到二人世界的年长些的老师也抱怨很忙，工作太多，但似乎她们还是可以挤出一点儿时间做自己感兴趣的事情——哪怕跟工作无关。看来，这业余生活时间也是和年龄段相匹配的。那么我们先从整体上来看老师们的时间是怎样分配的。

一、俄罗斯中小学教师的时间分配

按规定，俄罗斯中小学教师每周的授课时间不得超过36个课时，不得少于18个课时。教师工作除了教课，还有另外一部分，那就是检查作业；在电子杂志上做工作记录（或者在笔记本上）；与家长沟通；找学生谈话；可能还要参加学校活动；教师碰头会等，还有一个花费时间比较多的工作项目，就是备课。

换言之，如果一个老师每周的授课时间是18课时的话，那么其余的教学工作可以在剩余的18个课时内完成，但这只是一种理想状态。一般情况下，教师每周的授课时间都在25~30课时之间，有些甚至达到36个课时。那么，教师就不得不拿出更多的时间完成其他教学工作。如果在学校完不成，就不得不把工作带回家里继续完成，那么就占用了教师本应该用来休息的业余时间。

对于教师来说，不断地学习、持续地充电是非常重要的。现代教学无论从内容、方法，还是现代化教学进程，对于教师的要求来讲，总是不断变化的。要成为一名合格的教师，一名受学生欢迎的教师，就必须提高自己的修养、知识、技能，要不断进行自我完善和自我教育以适应新的教学需要。很明显，自我教育和更新也是需要时间的。据专家介绍，用于提高教育水平和教师资格的自我教育时间，应该是每周18~20小时。这个时间长度被认为是成功的职业活动和提高思想水平所必需的最低限度。但是从哪里可以找到这个时间呢？即使每周不花那么多的时间来进行自我教育，无论如何，只要花时间充电，那么这个时间还是从业余时间中来。

家务劳动同样占用大量的业余时间。购买食品、打扫房间、洗衣做饭、照顾孩子……年轻教师或许会少些家务时间，但除了工作时间、自我教育时间、家务劳作时间，还必须有满足生理需求的时间，即睡觉、吃饭及呵护自己的时间……把这些必须花费的时间刨去，留给教师的业余时间真的就少之又少了。

好在作为教师，每年可以休暑假：学校行政工作人员42天，授课教师56天。这是国家给予教师的重要福利之一。

二、俄罗斯中小学教师如何休暑假

暑假对于俄罗斯中小学的教师来说，那真可以用"神圣不可侵犯"这句话来形容，因为他们会放下所有跟工作相关的事情，全心全意地休假。到了七月，教师就都不见了，不光是在学校见不到他们了，在市内找到他们也很难了。俄罗斯中小学的教师们是有条件做到这点的。因为暑假对于学生来说是六、七、八三个月，而对于教师来说差不多是两个月。教师们可以利用六月的时间做完所有收尾工作，然后踏踏实实地去休假。一般8月20日左右教师们开始上班，为下一个学期做准备工作。

教师们大概有这样几种休假的方式：

最普遍的是去乡下别墅。有的是尽享大自然的美好，读书、散步、栽种或者采摘院子里的水果蔬菜；除此之外，有的还要对别墅进行扩建或者装修工作。我住的楼层一共住着4户人家，除了我家还有另外两家也是教师，一到暑假，她们就都去乡下了；还有一家是个老太太，她一到夏天也去乡下别墅。这样，整个楼层就只有我们一家人了，我成了"占山为王"了。

还有一大部分就是出去旅游。可能是出国旅行，也可能是在俄罗斯境内旅游，还有不少是去疗养所疗养的。我大概属于这一类。再有一些就是在家安静下来做自己喜欢做或是很久想做没有时间做的事情，包括与亲朋好友见面等。

一年中教师们的钱大多花在两个时间点上：一个是新年的时候，另一个就是暑期休假的时候。也许是因为教师平时的时间和精力大都在工作和家庭上，很少有机会可以完全放松，所以新年和暑假可以得到比较彻底的休息，花钱也自然是意料之中的放松方式。新年和暑假的休假时间比较长，教师们可以彻底放下平时工作和生活带来的压力，轻松愉快地做自己想做的事情，因此，也是理所当然地大把花钱的时候。我想，中国的教师大概也是这样吧，全世界的教师生活规律都大致相同，花钱方式也就不约而同了。

三、我所熟悉的教师们的业余生活

细想起来，我所熟悉的教师们还都是有些业余生活的，可能是由于她们大多都年轻，没有成家或者还没有孩子的缘故吧。

奥莉佳非常喜欢韩剧，简直到了着魔的状态。说实在的我不太能理解，因为我从来不看韩剧。她对韩剧了如指掌，在电脑上下载了看，还把自己喜欢看的剧种介绍给学生们，导致有一段时间她教的学生也跟着追韩剧。最有意思的是，因为她是中文教师，所以对中文的流行歌曲很感兴趣。以前还不流行从手机听音乐的时候，她就珍藏了不少中文歌光盘。有一次，她一下送了我好几张周华健的光盘，说是她已经听过了，觉得不错；她可能不知道，那时周华健对我来说，还是刚刚才有所耳闻呢。

娜塔莎是一个女人味或是说女主人味儿十足的人。我特别佩服她，她的手特别巧，可以化腐朽为神奇。不管是工作的教室还是家里，总是被她布置得非常有新意而且从不重样，虽然花费不多，变化也只是细微之处，但总让人感到主人对生活的热情、充沛的想象力和巧手神功。

尤利娅是那种喜欢追赶时尚的姑娘。她总能够在网上发现一些新鲜有趣而花销不大或者可以打折的事情，然后尝试着去做。比如一次有意思的短期旅行、一次年轻人的晚会、一个艺术摄影的机会等。

还有一位叫伊琳娜的老师，最大的爱好就是逛莫斯科市或者周边的公园，然后拍很多照片发到社交网站上，我对莫斯科的了解，不少是通过她的照片得来的。

总之，我能体会到身边教师们的辛苦和无奈，但也常常能感受到她们对于自由、美好生活的追求。她们都在充分利用现有条件，把生活过得尽可能多姿多彩。

四、对三位年轻教师业余生活的专访

俄罗斯一家比较有名的网站对三位年轻教师进行了专访，主题就是当代教师的业余爱好和业余生活，以及他们的同事、学生和家长对于他们业余生活的看法。之所以讨论这个题目，是因为现代科技的发达，使人们得以把自己生活、工作的动向及其照片发布在社交网站上，展示给自己的朋友或者与朋友们进行交流。对于一般人来说这是很正常的社会生活，但对于教师来说就有点儿麻烦，因为不仅他的朋友们可以看到他发在网上的信息，他的学生和家长们也可能看到这些信息——这样有时就会引发超乎一般人的议论，比如"教师应该……"或者"教师不应该……"，等等。这三位年轻教师对这样的问题有一个共识，他们认为自己除了是教师以外，也是普通人，业余时间也应该有正常的生活，应该有选择自己爱好及业余生活方式的权利。

第一位年轻教师叫克谢尼娅，女，27岁，英语教师，来自符拉迪沃斯托克（海参崴）。她是一名教师，也是符拉迪沃斯托克一个名为"科学大满贯"组织的创始人和活动主持人。这个组织的口号是"酒吧、科学、摇滚乐"，主要在酒吧和俱乐部举办科普活动。她认为只要她的所作所为是合理合法的，别人就没有必要也无权干涉她的业余生活。她同时还是个女权主义者。在学生面前，她不主动宣传但也不刻意隐瞒自己的业余生活。有的学生在社交网站上看到关于她和"科学大满贯"组织的活动报道，也希望去看看，但她知道不满18岁的孩子不能去酒吧和俱乐部这样的场所，就为他们推荐其他更适合学生的活动。克谢尼娅觉得很开心，因为除了作为教师教书以外，业余时间她还可以扮演另外的角色，她的生活因此更有意义也更丰富多彩。

第二位年轻教师叫安娜，女，25岁，英语教师，莫斯科人。她的爱好是扮演各种书籍插图、动画片、漫画或者电影中的著名角色，比如白雪公主、斯巴达克等。她扮演角色是为了参加表演或参加节日盛典。在角色扮演过程中，一切相关技能都被提升到更高的层次：服装、道具的制作，表演技能，化妆水平等。有时他们扮演的角色非常逼真，以至于无法与原版区分开来。安娜的爱好受到校领导和同事们的关注和称赞，因为他们从电视或者网络中看到了她的精彩表演。学生们也看到了她的表演，经常问她一些关于服装、道具的细节，并关心她的下一个角色是什么。当他们知道老师和他们一样，热衷于现代电影、电脑游戏和动画系列，他们感到格外高兴。这样的爱好给安娜的生活带来了极大的快乐,但她知道有些角色是不能扮演的,并非学校禁止她演,而是那句似乎总是在耳畔响着的话"教师必须……"尽管她从未接到过演这些角色的订单,但想想因为是教师而不能扮演某些角色,有时还是感到有些悲哀的。

  第三位年轻教师叫凯瑞奥,男,25岁,历史和社会科学教师,来自圣彼得堡。凯瑞奥还是电视频道的撰稿人和网站的专栏作家。他要向人们宣传的主要观点就是教师的社会生活不应该被特定地限制,教师应该有积极活跃的社会生活。一个夏天,他被邀请在老虎机博物馆为成年人讲述世界历史,他欣然同意了。他觉得给成年人演讲很轻松,因为不必为课堂纪律担心,也不用检查作业;但也不轻松,因为要在两个小时内吸引住成年人的注意力,并让他们感到有趣。当演讲圆满结束,听讲人带着满足感离开的时候,他感到很欣慰,很温暖。他的学生在社交网站上看到了他的演讲,竖起大拇指说:"凯瑞奥,你真棒!真没想到!"凯瑞奥认为,职业是教师,并不意味着不可以去听现代音乐会或者去酒吧。教师在业余时间做什么事情并不是最重要的,而是学生们是否把他视为优秀教师的榜样。教师有爱好,正好可以让孩子们知道,教师不仅应该是个优秀的专业人才,还应该是一个快乐生活着的普通人。

第三章
俄罗斯的学校

第一节 俄罗斯教育机构种类

根据2012年12月29日俄罗斯联邦总统签署的273号俄罗斯联邦法案,即《俄罗斯联邦教育法》,目前在俄罗斯,凡是与教育有关的单位都称为"教育机构",它们可能是直接进行教育教学的机构,也可能是为教育提供服务或者提供各种培训的机构。教育机构的名称要包含两个要素:一个是要有"教育机构(或组织)"的字样;另一个是要加上相应的机构名称。教育机构不仅仅是以往我们所熟知的院校形式,还可能是任何法律规定范围内的非营利性组织的形式。

对于这种变革人们很难一下子适应,即使从文件上按照教育法的说法改变了,但实际生活和工作中还是习惯以往的称号,毕竟教学方向、具体教学课程都和以往一样,没有变化。那么,眼下的俄罗斯到底有哪些类型的学校?我从以下几个方面为大家介绍一下。

一、从教育机构的隶属关系分类

从教育机构的隶属关系来讲,俄罗斯教育机构分为三种:国有教育机构、市政教育机构和私有教育机构。国有教育机构包括国家直属教育机构及地区、州级教育机构;市政教育机构当然归属于市政府;

私人教育机构归私人所有，一般是一些企业家出资兴办的教育机构。

从资金来源的角度讲，国有教育机构的资金分配或者说资金利用有三种形式：国家的、预算的和自治的。国家直属教育机构支付给服务机构费用以经营自身建设；预算教育机构依靠国家提供的预算资金经营；自治教育机构的资金来源则部分由国家预算提供，部分为自筹资金。

二、从传统意义上讲的分类

从传统意义上讲的分类，就是我们所熟知的教育机构分类。在此给大家做一个简单的介绍。它们分为以下几种：

（一）学前教育机构

学前教育机构包括托儿所、幼儿园。

学前教育机构主要教育活动——学前教育的教育课程，以及孩子们的保育和照顾。

学前教育机构可能实施的补充教育——普通教育课程。

（二）普通教育机构

这一类与我们关系比较密切，而且内容比较多，所以我将在下面做具体介绍。（请看"三、细说普通教育机构"）

普通教育机构主要教育活动——初级、普通和中等（完全）教育课程。

普通教育机构可能实施的补充教育——学前教育课程，普通教育补充课程，专业教育补充课程。

（三）中等专业教育机构

中等专业教育机构包括中等职业学校、高级中等专业学校、中等专业技术学校。

中等专业教育机构主要教育活动——提供建立在职业技术之上的中等专业教育课程。

中等专业教育机构可能实施的补充教育——基础普通教育课程，

职业培训课程，普通教育补充课程，专业教育补充课程。

（四）高等教育机构

高等教育机构包括学院、大学、研究院。

高等教育机构主要教育活动——进行高等教育，同时搞科研活动。

高等教育机构可能实施的补充教育——基础普通教育课程，中等职业教育课程，职业培训课程，普通教育补充课程，专业教育补充课程。

（五）普通培训教育机构

普通教育培训机构包括少年儿童课外教育机构：少年儿童艺术宫、少年科学家活动站、少年旅行社、美术学校；音乐学校；成年人培训机构等。

普通教育培训机构主要教育活动——普通教育补充课程。

普通教育培训机构可能实施的补充教育——学前教育，各种职业培训课程。

（六）高级专业培训教育机构

高级专业培训教育机构包括高等学院及培训机构。

高级专业培训教育机构主要教育活动——高级专业课程。

高级专业培训教育机构可能实施的补充教育——科学和教育人员培训课程，住院医师课程，普通教育补充课程，专业补充课程。

三、细说普通教育机构

俄罗斯的普通教育机构所包含的学校类型很多，这点可能与中国的普通教育机构有些不同——种类多，分得比较细致。

1. 小学：1～4年级，可能包含学前班。

2. 普通学校：1～9年级，可能包含学前班以及不完整中等学校。

3. 文科专长学校：1～11年级，提供较高水平的教育，侧重人文科学、外语等；提供完整的强制教育课程，毕业生将进入大学继续接受教育。

4. 高级重点学校：提供高水平教育，侧重人文科学、自然科学。能到这种学校上学的学生都是最优秀的，可以通过笔试或者面试进入知名大学。

5. 教育中心：这样的教育机构不仅仅只有学校，而是一个教育的综合体。比如我工作的学校就叫"察里津诺教育中心548学校"，"中心"旗下有两个幼儿园，一所小学，一所中学（分三部分：普通学校、中文学校和美术学校），一所高中，一所工程师学校，还有一个供学生们进行专题活动、休息或者准备竞赛用的基地。

6. 物理与数学学校：这种学校专注于精确科学的研究，而人文学科则用于全面发展。在这样的学校中，物理、数学、化学及生物学专业通常从5~6年级开始。在此之前，除了基础科目之外，非常关注逻辑、记忆、空间思维、口头计数以及训练大脑的其他学科和技能的发展。

7. 经济和法律学校：这类学校提供良好的经济和法律方面的基础教育，并为学生准备入读相应的高等教育机构做好准备。除了对数学、语言、计算机科学进行深入研究外，这类学校还提供学习文书工作、会计学、政治学、经济学、心理学、法学等学科的课程。在这样的学校里，1年级的孩子已经开始接受相应专业的培训，比如即使是1年级学生在课间玩的游戏，也与经济学有关。

8. 体育学校：体育学校有两种，一种是从事学生的综合体能准备，而不分配具体的运动项目。另一种是完全专注于一种体育项目，比如足球、网球、游泳等。这些学校的基础教育通常为普通公立学校的课程。学生的大部分精力和时间都用于训练。

9. 特色学校：这是一种特殊类型的学校，利用自主版权的自编教材进行授课。

10. 补充教育机构：教授学生合唱、音乐、体育和艺术等方面的技能。

11. 惩教学校：对于那些有不良行为的孩子进行培养和教育。

12. 残疾儿童学校：为那些听力受损、聋哑、失明、患有唐氏综合征等的残疾儿童提供教育的专门学校。

13. 民族学校：为不同语言、不同文化和不同民族的孩子提供教育的学校。

14. 士官武备学校：为未来军官提供后备人员的学校。

第二节 俄罗斯中小学校的管理机构

在俄罗斯,各中小学的管理机构大同小异。如果说有什么不同,那就是学校的规模及学校的教学重点的差异,管理机构的规模和分工会有些变化。

其共同之处在于,除主要领导校长之外,还有几个分管不同工作的副校长。而在副校长之中,又有分管教育(主要是思想道德教育)的副校长和分管学校总务的副校长。一般还要有负责教学法的副校长和负责心理健康教育的老师。

其不同之处在于,如果学校规模比较大,有好几个校址,那么学校的副校长可能就是每个校址的负责人;如果学校只有一个校址,那么学校的副校长可能是每个学部的负责人,比如小学部、中学部和高中部的负责人。还有一种情况就是,有的学校偏重于外语教学,那么可能会有一个专门负责外语教学的副校长;如果该校的教学偏重于自然科学或者信息学,那么可能会有一个专门负责自然科学和信息学的副校长。

俄罗斯中小学校还有一个重要管理机构,那就是由各方代表组成的理事委员会。学校理事会是学校自治的合议机构，根据学校章程的规定，有权对学校的运作和发展做出决定。下面还会对学校理事会做具体介绍。

一、举例说明俄罗斯中小学校的管理机构

前面是对俄罗斯学校的管理机构的概括介绍，下面我举几个比较典型的例子进行说明。

（一）圣彼得堡市540学校

俄罗斯圣彼得堡市540学校自2011年起成为俄罗斯国立学校。迄今共有1 385名学生，年龄从7岁至17岁不等。该校专注于外语教学，开设英语、德语、法语及西班牙语课程。其他课程还包括俄语、文学、历史、地理、艺术、体育、信息和通信技术、数学、物理及科学等。圣彼得堡540学校还非常注重国际合作，在国际教育项目框架内还与丹麦、法国、德国、芬兰及中国的学院和中学进行合作。可以说，该校规模比较大，有教学重点，也有自己的特色。但该校没有分部，校址只有一个，所以，该校的管理机构比较简单，但分工明确。

校长：负责全面工作，包括办学方针、方向的确定；与教学相关问题的确定、行政管理及财政方面问题的确定、教师人员及学生的流动、与上级及其他单位的沟通等。

副校长：负责1~4年级的教学。

副校长：负责5~7年级的教学（一般学校的副校长是负责5~9年级，即中学部）。

副校长：负责8~11年级的教学。

副校长：负责思想道德教育。

副校长：负责信息化工作。

副校长：负责国际合作及科学教学法工作。

副校长：负责校内活动及事务。

副校长：负责教学法的运用和研究。

副校长：负责外语教学。

副校长：负责学校总务。

（二）莫斯科市察里津诺教育中心548学校

548学校建校至今已经有83周年了，教育中心分为：学前教育部（两个幼儿园）、小学部（一个小学）、中学部（一个中学）、高中部（一个高中），还有一个基地，是分校，用于实习、做课外活动等；2017年又开设了一所全新的现代化工程师学校，也是分校。这是一个积极进取、与时俱进的学校，在当地非常有名望。该校中学部还设有中文学校和美术学校。548学校的每个分部和分校都有各自不同的校址，也有各自的负责人，所以，该校的管理机构就有点儿复杂，但同样是各司其职，一目了然：

1. 校长和副校长

校长：负责全面工作，包括办学方针、方向的确定；学校扩建、与教学相关问题的确定、行政管理及财政方面问题的确定、教师人员及学生的流动、与上级及其他单位的沟通等。

副校长：负责分校"工程师学校"工作；

副校长：负责教育教学工作，协调教学方案；

副校长：负责与学校有关的所有组织结构的联系和协调工作；

副校长：负责学前教育（幼儿园）工作；

副校长：负责学校资源管理。

2. 学校各分部负责人

工程师学校负责人；

小学部负责人；

中学部负责人；

高中部负责人；

基地负责人。

3. 学校的服务和组织负责人

学校的服务和组织负责人指校医、清洁工、保安、电工、电器管理人员、食堂工作人员等提供服务工作的负责人，以及学校活动，比如义务劳动、节日市场等活动的负责人。

教学法专家：即经验丰富的为学校组建教师队伍、选择教材及各课程教学方法、制定课程安排、组织教学培训、帮助教师缓解压力的专家。

安全专家；

补充教育负责人；

教育质量监控负责人；

小学部教学法专家；

美术学校负责人；

工程师学校教学法专家；

高中部教学法专家；

信息技术服务负责人。

这里我对校长及副校长的任命稍作解释。莫斯科市中小学校校长由莫斯科市教育部任命，工作期限为五年，五年任期期满后，仍然可以申请留任，但要重新宣讲论文。校长候选人必须在莫斯科市教育部宣讲论文，在评审通过后，才给予校长任命。但对于做出特殊贡献的校长会给予无限期任命。比如我们学校校长，已经年近七十，拥有普京总统授予的"俄罗斯人民教师"荣誉称号，一生都在548学校工作，他的任期就是无限期的了。我所熟悉的圣彼得堡市540学校校长也是无限期任命。

副校长职务由学校理事会任命，但同样要到莫斯科市教育部宣讲论文，任期也是五年。

二、学校理事会

（一）学校理事会的任务和构成

学校理事会在学校的运行和发展中起着相当重要的作用，任何重大决策都由学校理事会做出决议后方可实行。学校理事会的主要任务是：

1. 确定学校发展计划及教学计划的特点；

2. 提高资金利用效率；

3. 协助在学校构成教育过程的最佳条件和组织形式；

4. 监督教育过程中遵守健康和安全条件的情况。

理事会定期召开会议，至少每3个月一次，每年都要有年度工作报告。理事会主席通常来自社会，可能是一位地方官员，可能是一位公司的经理，也可能来自其他职业。理事会成员由选举产生。

理事会成员一般由以下5部分人员组成：教师代表（包括校长）、家长代表、学生代表（14岁以上）、学校股东代表、特邀代表（一般是可以促进学校发展的人）。

（二）举例说明学校理事会的构成

1. 莫斯科市国家预算教育机构"1302学校"理事会构成

理事会主席：律师

家长代表：5名

教师代表：6名（包括校长）

学生代表：6名

股东代表：1名

特邀代表：1名

2. 莫斯科市国立自治教育机构"548学校"理事会构成

理事会主席：莫斯科市议会委员，市政经济和住房政策委员会主席

家长代表：9名

教师代表：7名（包括校长）

学生代表：7名

股东代表：1名

特邀代表：1名

第三节 俄罗斯学校如何开会

如同俄罗斯中小学领导的构成存在大同小异一样,俄罗斯学校的会议也没有太大差别,如果说有差别也只是在学校规模、会议数量及会议的种类上存在差异。我所工作的学校是个规模比较大的综合学校,下面就以它为例来介绍俄罗斯学校如何开会。

一般来说,我们有如下例行会议:

一、学校理事会

学校理事会每2~3个月举行一次,主要讨论学校资金的运用,整个学年的时间安排(包括何时放假等),使用何种教材,人员任命,教师及学生去留等与学校发展相关的重大问题。

二、教师委员会

教师委员会由全体任课教师组成,平均3~4个月举行一次会议,主要讨论教学、教育及教学法方面的问题,包括制定课程表。

三、教职员工委员会

教职员工委员会(相当于工会)由教师及学校其他工作者自愿

参与，每年举行1~2次会议。其职能是协调员工与上级领导的关系，进行教职员工之间的互助合作等。每个成员每月交纳工资的1%作为会费。遇到特殊情况，比如伤亡，委员会将出面处理，给予帮助和一定的资助。

四、获取级别证书说明会

在俄罗斯，学校会不定期举行级别证书说明会。教师级别认证书5年有效，5年之后必须进行重新认证，否则无法继续教课。所以，学校负责人会不定期组织需要进行级别认证的教师开会，说明认证时间、提交认证资料以及进行认证级别培训等事宜。

五、教学方法讨论会

教学方法讨论会由每个教研组根据需要不定期举行，会议内容可能是教师之间对于教学的相互交流，也可能是研究解决某些教学问题。

六、计划会议

计划会议就像是碰头会，每周举行一次，是由各部负责人召集的全体教职员工会议。比如中学部由中学部负责人召集，以此类推。计划会议每周固定时间举行，时间不长，主要由负责人总结上一周的工作情况，并对下一周工作进行说明和布置。有重大事件时间就长些，情况正常时间就短些。

七、校长会

校长会由校长召集所有副校长举行的学校高层领导会议，每周1~2次，由各副校长汇报工作，提出问题，然后大家讨论，最后由校长做出决定。

第四节 俄罗斯中小学的学制、课程设置及其标准

一、概说俄罗斯教育体系

现代俄罗斯教育体系是一套完整的受国家教育标准调控并由各层教育机构执行教育计划的体系,这些教育机构相互独立,统一隶属于监督和管理单位。

根据2012年12月29日通过的237号《俄罗斯联邦教育法》,俄罗斯教育分为两种形式:一个是普通教育;另一个是专业教育。

普通教育包括学前教育(从2岁开始)、初等教育(4年)、基础教育(5年)和中等教育(完整,2年)。根据《俄罗斯联邦宪法》,中小学的普通教育是针对所有人的义务教育。

专业教育包括中等专业教育、高等专业教育(学士、专家、硕士)和深度专业培训(博士、博士后……)。

现代俄罗斯教育体系包含的教育形式有以下4种:学校教育[全日制、半日制(含夜校)、函授]、进修培训班、自学、走读。

现代俄罗斯教育体系所包含的教育机构从体制上,即从教育经费

的来源上讲有3种，它们都是合法的实体：国有教育机构（包含地区及联邦）、市政教育机构和私人教育机构。

二、细说俄罗斯教育体系（中小学部分）

（一）初等教育（小学）

1.小学入学年龄和学习时间

一般来说，根据规则，截至9月1日为6岁的学生，即3月1日满6岁的儿童，可以被录取入学。但有些学校1年级也接收年龄小一点儿的孩子。也就是说，在俄罗斯，1年级学生的录取年龄通常为6~8岁。初级教育即小学教育的学习时间为4年，从1年级到4年级。

2.小学的老师和教室

小学4年，学生们都跟同一个老师学习，老师既是班主任，也是任课教师。既负责班级管理，也教授除了体育和音乐、美术以外的所有科目。每个班都有专用的教室，除了需要特殊房间或相关设备的课程，所有课程都在专用的教室进行。

3.小学课程及其标准

小学的课程主要任务就是为小学生们提供未来生活和工作所需要的最低限度的基本知识和技能。为此，初等教育设定如下课程：

（1）语言学：包含俄语、民族语言

俄罗斯联邦是个多民族的国家，要让孩子们形成俄罗斯联邦语言和文化空间的统一性和多样化的初步想法，并意识到语言代表着民族文化，同时是人类交流的主要手段；要明确俄语是俄罗斯联邦的国家语言，也是俄罗斯联邦各民族交流的基本语言；要学会初步的口语和书面语的正确表达，学会运用语言解决交际、实际生活及学习方面的问题。

（2）文学阅读：用母语进行文学阅读

让孩子们意识到文学是国家和世界文化的现象，是保护和传播道德价值观及传统的手段；意识到阅读对个人发展的重要性，理解阅读的作用；通过阅读各种类型的作品理解世界、理解人的存在等；具备朗读和默读的能力，同时具备独立选择感兴趣作品的能力。

（3）外语

自2005年起，所有俄罗斯联邦的小学从1年级开始开设外语课程，一般是英语。小学的外语课程就是让孩子们初步掌握口语和书面语言的概念，形成对使用其他语言的国家和人们的友好、宽容态度。

（4）数学与信息学

让孩子们利用初级数学知识来描述和解释周围物体、过程、现象，以及对它们的定量和空间关系的评价；掌握逻辑和算法思维；获得应用数学知识的初步体验，识别和描绘几何图形等；获取有关计算机知识的初步认知。

（5）社会科学与自然科学（环绕我们的世界）

向孩子们传授基础的社会和自然科学知识，包括了解俄罗斯在世界历史中的特殊作用，培养对民族成就、发明和胜利的自豪感；形成对俄罗斯、故乡、家庭、历史、文化、国家性质、现代生活的尊重态度；意识到周围世界的完整性，基础环境的形成，自然界和人类道德行为的基本规则及保护自然和社会环境的行为规范；学会研究自然和社会的可行方法；发展建立和识别外部世界因果关系的技能。

（6）德育：俄罗斯民族精神和道德文化的基本原则

孩子们会了解到俄罗斯民族精神和道德文化的基本原则，包括：做好道德自我完善、精神自我发展的准备；了解世俗和宗教道德的基本规范及它们在建立家庭和社会关系中的重要性；理解道德、信仰和宗教在个人和社会生活中的含义；形成关于世俗伦理、传统宗教在俄罗斯文化、历史和现代生活中作用的初步概念；形成关于传统宗教在俄罗斯国家发展进程中的历史作用的初步印象；形成凭良心办事的内心态度，获得以良心和宗教信仰自由，以及以俄罗斯民族传统精神为基础的道德教育；从小意识到人类生命的价值。

（7）艺术：美术和音乐

美术：使孩子们形成关于视觉艺术对于一个人生活所起作用的初步概念，意识到其在精神和道德发展中的作用；了解艺术文化基础；掌握感知、分析和评价艺术作品的实践技能和能力；掌握各种艺术活动（素描、绘画、雕塑，艺术设计）的初步实践技能，以及基于ICT（数字摄影、录像、动画元素等）的特定艺术形式。

音乐：使孩子们形成关于音乐在一个人生活中所起作用的初步概念，意识到其在精神和道德发展中的作用；了解音乐文化的基础；能够感知并表达他们对音乐作品的态度；利用音乐形式进行戏剧、歌舞以及即兴创作等音乐活动。

（8）工艺学

孩子们将获得关于工作在个人和社会生活中的创造性和道德意义的初步认识；了解关于职业种类和正确选择职业的重要性；获得自助技能及在工作中需要合作、互助、规划和组织的意识；初步掌握材料的手工加工技术；了解技术安全规则等。

（9）体育

让孩子们形成关于体育对加强人类身心健康重要性的初步认识，意识到健康是人类发展、社会进步及个人成功的基本因素；掌握一定的健康生活技能；养成监测身体状况及健康数据的习惯等。

4. 小学必修课程及选修课程的比例

应该说明的是，课程内容的80%必须按国家规定进行，而另外的20%各学校可以根据需要自己决定。

5. 小学的学时

4个学年的校内课程数量不得少于2 904个小时，不得超过3 210个小时。4年内校外活动的时间在1 320个小时以内。

6. 小学课程安排

俄罗斯小学上课时间为40分钟一节课，课间休息时间为15分钟。每天4~5节课。每天早晨8点30分上课。1年级每周20节课，

2~4年级每周22~25节课。

7. 小学的几件趣事

俄罗斯为小学生提供免费早餐，每天第二节课后发放。

俄罗斯小学生1年级时不允许老师为学生的作业评判分数，但老师会根据孩子完成作业的情况画上一些图案，比如小旗子、小花儿或者小星星什么的。孩子们特别是他们的家长会通过这些图案了解到一些孩子的学习状况。

在俄罗斯，除了英文课以外，学生们无须购买教材，教材由学校图书馆统一采购。每学期开学时，老师从图书馆领取教科书发给学生们——上一届学生或者以往好几届的学生使用过但保存完好的教材。有时一本书上写了好几个名字，那就说明已经有几个学生用过这本书了。学生们都很爱惜书，按照规定不允许在上面涂写。期末时，教科书要上交到图书馆，留给下一届的学生用。如果书太脏了或者弄丢了就要买新的赔偿。这也适用于5~11年级的学生。

俄罗斯学校的假期比较多。最长的假期是暑假，一共3个月，分别是六月、七月和八月。一般五月二十几日就相对轻松一些，没什么事儿了。寒假比较短，只有新年时的10天。一般学校都有春假、秋假，为期各一周。有些自治学校每隔五周就放假一周。放假时间同样适用于5~11年级的学生。

我工作的学校就是如此，我感觉这样挺科学的，特别是对于低年级的学生。他们刚感觉到学得有点儿累就放假了，休息一周后，又精神饱满地来上学了，不至于对上学产生厌烦情绪。

（二）基础教育（初中）

1. 初中学生的年龄和学期

俄罗斯的基础教育即初中教育一共5年，从5年级至9年级。5年级学生的年龄为10~12岁，初中毕业时为14~16岁。

2. 初中学生的教室和老师

一进入5年级，首先变化的是学习环境。学生们不再像小学时那样总在一个教室里学习,而是根据课程安排,按时到不同的教室去上课。每门课的老师都有各自的教室,该上什么课,学生们就去什么教室。这样一直持续到完成中等教育的学业即高中毕业。

每个班都有一名班主任,除了教课外还要负责这个班的行政管理,诸如开家长会、解决班级或者学生的问题等。

3. 基础教育(初中)的课程及其标准

初中的课程主要是提供给学生们基本的社会、人文及自然科学等方面的知识,比较全面,大约20门课程,让学生们对基础知识有个整体认识,为后来的深度学习打下基础。

(1)语言学:包括俄语、民族语言

比起小学时的俄语和文学,初中的俄语和文学当然是从语法、词汇及审美方面进行更深层更广泛地学习。完善听、说、读、写四种语言功能,学生的语言能力能顺利解读所学各门学科,并能在正式和非正式的人际交往及文化交流中与周围的人产生互动。

(2)文学,民族文学

使学生意识到阅读和研究文学对于个人进一步发展的重要性及系统阅读的必要性;意识到文学是了解世界和自己、协调个人与社会之间关系的一种手段。确保文化自我认同,对母语的交际和审美能力的认识;能够在不同类型的口头和书面陈述中表达自己的想法,创造分析和解释性质的详细陈述,参与阅读后的讨论;理解文学艺术与商业说明、新闻等文体之间的区别,学会识别、分析、批判性评价等。

(3)外语及第二外语

应该特别说明的是第二外语,由于俄罗斯从小学1年级就开设外语课,所以,5年级时学校就开设第二外语了,根据学校自身的条件,有法语、德语、西班牙语等,由学生自行选择。近些年有些学校开设了中文课程,非常受学生及家长们的欢迎。

(4)社会科学:包括俄罗斯历史、世界历史、社会科学、地理

包含在社会科学之中的系列学科对学生意识形态、价值观的形成

具有重大意义和影响，能够使学生们了解俄罗斯公民的个人身份、社会责任、法律身份、多元文化主义、宽容及坚持《俄罗斯联邦宪法》所承载的价值观等；了解自然、社会、经济和政治现象之间的关系，以及它们对人类生活质量和环境质量的影响……

（5）数学与信息学

数学：包括代数、几何。

信息学：掌握信息的形式化和结构化的技能，选择根据相应任务提供数据的能力，制作统计表、示意图、曲线图和图表，使用适当的软件工具进行数据处理；在使用计算机程序和互联网时，形成安全和权宜行为的技能和能力，遵守信息伦理和法律规范的概念。

（6）德育：俄罗斯民族精神和道德文化的基本原则

初级教育也有同样的课程，学生们会更进一步了解俄罗斯民族精神和道德文化的基本原则。

（7）自然科学：物理、生物和化学

使学生们形成对世界整体科学图景的认识；了解自然科学和科学研究在现代世界中日益重要的作用，科学知识的不断演变过程，国际科学合作的重要性；掌握解决各种问题的科学方法；拥有制定假设、设计，进行实验、评估结果的能力；拥有将实验和理论知识与生活的客观现实进行比较的能力；培养对环境负责任和认真的态度；掌握对于生态系统的认知及应用，以便预测对人类健康、生命安全及环境质量的风险；意识到可持续发展概念的重要性；学习开发安全有效使用实验室设备、准确测量和对结果进行充分评估；根据对培训任务的跨学科分析，提出基于证据的行动论据的技能。

（8）艺术：美术和音乐

美术：前面对于小学美术课的艺术活动及其要求做过描述，初中的美术课提供给学生们更丰富的艺术欣赏和实践空间，帮助学生了解艺术文化的各种流派及其风格的发展，了解美术作为精神价值的物质表达在各民族的民间艺术、国内外艺术经典作品及现代艺术中的体现；同时培养学生们对反映在建筑艺术及民族艺术上的祖国文化及其历史的尊重，理解人体的美；发展学生们感知艺术作品并与之沟通的能力和实践技能；通过对艺术作品的解释和评价，形成对传统文化艺术的积极态度，了解其对于形成审美观和个人价值观的重要意义。

音乐：让学生们意识到音乐是人类精神文化中不可分割的一部分，文化的发展离不开音乐；学会感知和评价音乐，并关注音乐的产生及其创作：听音乐、唱歌、演奏乐器、戏剧、即兴创作等；扩大音乐和文化视野，培养音乐品位，了解世界其他国家的音乐，包括古典音乐和现代音乐等；掌握音乐素养的基础知识；具有将音乐与生活相结合的感知能力，认知特殊术语和音乐艺术的概念，学习基本乐谱。

（9）技术

使学生们认识到工艺和技术对社会逐步发展的作用；形成对技术领域的整体印象，了解技术文化和劳动文化的本质；阐明最新的工业和农业生产、能源和运输技术的发展状况；掌握产品造型、设计和美学设计的技能；培养开发应用技术及应用、转换和使用信息的能力；了解与所研究技术相关的职业，以及它们与劳动力市场的关联性。

（10）体育和生命安全原则

体育：了解体育文化在个人素质形成，积极融入健康生活方式，加强和维持个人健康中的作用和重要性；掌握有关人的身体状况的知识体系，掌握选择体育锻炼方式和调节体育活动的技能，了解关于体育和奥林匹克运动发展史的知识，为扩展和加深对于体育的兴趣及理解奠定基础。

生命安全原则：认识到在自然、人为和社会因素造成的紧急情况下安全行为的重要性，明确保护个人、社会和国家的重要性，形成现代生命安全文化；形成对安全健康生活方式需求的信念；了解生命安全对于个人和社会的意义；了解国家及现行立法在确保国家安全和保护人民免受自然、人为和社会因素造成灾害，包括极端主义和恐怖主义的危险和紧急情况下所起的重要作用；理解作为公民为保卫祖国做好准备的必要性；形成健康的生活方式，不喝酒，不吸烟，不使用毒品，避免危害健康的行为；形成反极端主义和反恐怖主义的个人立场；理解为人类共同命运保护自然和环境的必要性；培养在危险和紧急情况下采用安全措施和行为规则的能力；学会如何向受害者提供急救的方法；培养在不确定的情况下谨慎行事及预测危险情况发生的能力；能够根据实际情况和个人能力，在特定危险的情况下做出明智的决策和判断。

4. 初中必修课程及选修课程的比例

应该说明的是，课程内容的70%必须按国家规定进行，而另外的30%各学校可以根据需要自己决定。

5. 初中的学时

5个学年的校内课程数量不得少于5 267小时，不得超过6 020小时。

6. 初中课程安排

俄罗斯初中以上学生每节课45分钟，课间休息10分钟，没有午休时间，学生们中午不回家，但有20分钟的午餐时间，一般在第5节课下课以后，有很多学生会在放学后回家用午餐。初中学生一般每天上7节课，从早上8点30分到下午15点10分，偶尔也有上8节课的时候，那就是16点5分放学。

5年级学生每周28~31节课，6年级学生每周29~32节课，7年级学生每周31~34节课，8~9年学生每周32~35节课。

7. 初中的几件趣事

根据俄罗斯联邦教育和科学部2014年12月8日第1559号的命令，从2015年1月1日起，俄罗斯所有学校教科书都必须有电子版，这已成为俄罗斯联邦教科书清单的必要内容。电子形式的教科书其形式必须符合印刷版的结构、内容和艺术设计，并与多媒体和互动元素相辅相成。伴随着创新思维的运用，目前电子版的教科书已经开发出了包含嵌入式百科全书的超链接的电子教程，并匹配了插图，使用者可以在教科书的不同部分之间滚动，交叉链接。就像我们所熟悉的电子书，但其编排内容又像"百度"的"百科"，可以在文中直接打开链接进行了解并且观看插图，比纸书更方便，所获得的信息和知识也更具有立体感。在这样的教科书中，使用音频、视频及图像资料成为可能，学生们可以更好地理解所学习的课程和材料，甚至可以拿着类似平板电脑去上课，而不使用传统意义上的纸质书。关于电子教材这个话题，请看本书第三章第六节"俄罗斯的数字学校"。

（三）中等教育（高中）

1. 高中学生的年龄和学期

俄罗斯的中等教育即高中教育一共2年，从10年级到11年级。10年级学生的年龄为15～17岁，高中毕业时为17～19岁。

2. 高中学生的教室和老师

高中学生的教室安排和老师的分配与初中一样：每门课的老师都有各自的教室，该上什么课，学生们就去什么教室。

每个班都有一个班主任，除了教课外还要负责这个班的行政管理，诸如开家长会、解决班级或者学生的问题等。

3. 中等教育（高中）的课程及其标准

高中学习的主要目的就是拿到中等教育证书和为进入大学做准备。所学课程包括对基础教育（初中）一些科目的进一步学习，以及开始学习个别新科目。学生们根据自己的报考倾向选择深入研究的学科方向。学校也尽可能为学生们提供比较有专业性的班级，比如数学物理班、数学化学班、历史社会科学班、英语强化班等。学生们选择进入自己想报考专业的相关班级学习。

高中各门课程几乎都分为基础水平和高级水平两个部分。学生根据未来报考专业选择自己需要的课程，即如果未来要报考某学科作为专业，那么就要学习高级水平部分的课程，高考时也要选择该学科的高级水平试卷进行考试。

语言学和外语

俄语和文学、民族语言和文学：基础水平

俄语和文学、民族语言和文学：高级水平

外语及第二外语：基础水平

外语及第二外语：高级水平

社会科学

历史：基础水平

历史：高级水平

社会科学基础知识：基础水平

地理：基础水平

地理：高级水平

经济：基础水平

经济：高级水平

法律：基础水平

法律：高级水平

俄罗斯与世界：基础水平

数学和信息学

数学：代数与初级数学分析、几何（基础水平）

数学：代数与初级数学分析、几何（高级水平）

信息学：基础水平

信息学：高级水平

自然科学

物理：基础水平

物理：高级水平

化学：基础水平

化学：高级水平

生物：基础水平

生物：高级水平

自然学：基础水平

体育文化，生态学和生命安全原则

体育文化：基础水平

生态学：基础水平

生命安全原则：基础水平

注：目前高考只有数学考试分基础水平和高级水平考试两种，因为它是必考科目。其他学科，只要学生选择了，就说明他未来要进入与该科目相关的院校，所以，都是高水平考试。

4. 高中的必修课程及选修课程的比例

应该说明的是，课程内容的2/3必须按国家规定进行，而另外的1/3各学校可以根据需要自己决定。

5. 高中的学时

两个学年的校内课程数量不得少于2 170小时，不得超过2 590小时。两年内校外活动时间在700个小时以内。

6. 高中的课程安排

俄罗斯高中的上学时间安排和初中一样，只是高中学生放学的时间不太统一，原因是其所选专业课不统一。有的一天上6节课，有的上7节课，有的上8节课。要参加高考的大部分学生还可能选上第9节和第10节的补充课程，这种情况一般一周可能有一两次。第9节和第10节两节课是任课老师免费为高考学生增加的课程，主要是做高考试题。老师建议学生参加，但是不强求，但一般学生都会参加，因为都想考出好成绩，除非那些有其他课程时间上安排不开的学生。第10节的下课时间是下午6点左右。

10～11年级的学生每周的课时不得超过37个小时。

7. 高中的几件趣事

10年级的男生必须参加为期两周的军训，为未来成为义务军人做准备。除非有医生证明，俄罗斯的男孩子成年后都要义务服兵役一年。

刚上高中时，由于学生必须根据未来想报考的大学专业选择高中的专业性班级，所以对于不想报考的专业的科目可以在 10 年级时进行基础知识考试。如果成绩很好，就可以在 11 年级时免修这门课，而且不参加这门课的高考。比如，你想报考文科学校，那么数学就没有必要深度学习了。你可以参加 10 年级时的数学基础知识考试，如果考试通过，你 11 年级时就不必再上数学课，而且也不需要参加高考的数学考试。

第五节 俄罗斯的补充教育（第二课堂）

一般来说，学习外语需要经常进行会话练习，而最初的会话练习，其话题总会涉及人们的日常生活，比如"业余时间你都做些什么"就是一个非常不错的可以畅谈的话题。我在教中文时，经常会和学生们讨论这个话题。让我感到惊奇甚至有点儿好奇的是，几乎每个孩子都有自己的爱好，都在课外上着跟其爱好相关的补习班或者学校。孩子们有的喜欢绘画，在美术学校学习；有的爱好音乐，在学习钢琴、小提琴，还有在教打鼓和吉他的音乐学校学习的；还有学舞蹈的；学戏剧的；有的爱好运动，就去学跆拳道，学跑步，踢足球，还有学中国武术的。总之，学生们在课外学习的课程五花八门，他们有如此多的兴趣爱好和才能，并且相当专业，让我很吃惊。他们中有不少人已经学了很多年，还有不少学生在各种竞赛中获得了奖项。我后来得知这就是俄罗斯的补充教育，而其内容的丰富及专业性之强给我留下了非常神秘和美好的印象。

除了在学校教中文，我还做中文家教。我发现，当我和学生家长商谈上课时间的时候，经常会有这样的对话：星期三可以吗？不行，萨沙星期三有游泳课；周一我有时间，可以上课。噢，真不巧，玛莎要去画画儿……这样的谈话，让我对俄罗斯的课外教育越来越感兴趣。因为我很羡慕学生们多彩的生活，他们不仅学习课堂上的文化知识，而且还有自己的爱好，在课外补充教育的课堂上能够学到很多更有意思的知识和技能。我也因此开始去了解俄罗斯的课外补充教育，当然，我也有点儿小私心，就是想研究研究让我当时还在中学读书的女儿上个什么课外班。

一、什么是俄罗斯的补充教育

（一）补充教育的由来

俄罗斯补充教育的历史极有渊源，"补充教育"这个词的首次出现是在1992年的早期《教育法》中的一个条款里。20世纪90年代初在俄罗斯开始进行的民主改革成为改变以往少年儿童校外教育的基础。这个早期的《教育法》确定了俄罗斯从苏联共产主义思想教育体系向一个多元化、民主化和人文化的全体公民教育计划的转变，并说明了补充教育机构改变的重要性。从此，俄罗斯的补充教育体系进入了一个新的发展阶段：不仅仅是补充教育本身质的改变，同时也是补充教育机构及教师队伍形式上的改变。

（二）什么是补充教育

补充教育就其本身而言是教育活动的一种新现象，它旨在全方位地满足人在智力、精神、道德、身体和职业改善等方面的教育需求；同时，它也是国家、联邦管理及自治区，以及城市等教育机构的补充，在申请获得许可证以后，这个补充教育机构有权经营补充教育，并提供补充教育服务。

补充教育是一种积极的教育，它满足发展中的人们认知自己和周围世界的自然愿望；激发孩子们创新和创造的潜力，最大限度地实现自己；保护每个孩子的个性和独特性；同时也为构建少年儿童的平安幸福和进一步发展提供更大的空间。应该指出的是，补充教育同时也包括对成年人的培训。

（三）补充教育的新水平

在介绍补充教育的由来时我们提到，相对于苏联时期，俄罗斯的补充教育提升到了一个新的水平，是一种新的转变、质的提升。那么，补充教育有哪些方面的转变呢？

首先，是人们意识的转变，人们对社会生活的看法发生了根本性的变化。人们开始更尊重人的个性发展，认为全面开发智力比只注重单方面专业技能发展更重要，个人教育处于领先地位。

其次，苏联解体后，国家文明福利增长的趋势，由以往的工业技术发展，转向人为需求。也就是说，福利增长不再仅仅来源于工业生产，还来自许多其他不同领域。

最后，对于家长和孩子而言，新的时代使信息、教育、文化和娱乐日益普及，其结果就是在社会和个人发展中，非正规教育部分的教育种类及数量不断增加。

如此看来，在新形势下，补充教育必然要提高到一个新的水平。

二、俄罗斯的补充教育机构

（一）补充教育的目的和任务

无论何种形式的补充教育机构，其目的和任务都是共同的、统一的：

1. 培养孩子们相互沟通及开展团队合作的技能；
2. 发现并发展自身的创造潜力、个人素质；
3. 形成孩子们对社会和周围世界的尊重态度；
4. 有助于促进年青一代的身体健康发育和成长；
5. 帮助未成年人形成在未来成人生活中的自决权。

补充教育机构遵循的原则之一即可达性：每个孩子都有获得补充教育的机会和可能。俄罗斯联邦教育部计划到2020年，补充教育将覆盖75%以上5~18岁的俄罗斯少年儿童。

（二）补充教育机构的种类

我们可以从以下几个角度来阐述俄罗斯补充教育机构的种类。

1. 从隶属关系上分类

国有补充教育机构——由俄罗斯联邦的主体教育机构组成，这可能是各种学校的课外活动团体和其他组织。

地区补充教育机构——俄罗斯联邦框架内各联邦管理区和联邦自治区建立的补充教育机构。

市政补充教育机构——由市政府创建和经营的补充教育机构。

非国有补充教育机构——由个人、商贸集团、宗教协会、公共及其他实体建立的补充教育机构。

2. 从活动的方向和规模上分类

少年宫——体育活动、艺术活动等。

"×××之家"——相比少年宫，"×××之家"的规模要小些，它是将相关课题的兴趣小组聚集在一起，比如旅游之家、文化之家、创意之家、少年技术员之家等。

特色学校——专注于学习某个专业的特殊学校，比如音乐学校、美术学校等。

中心——综合性活动场所，对不同年龄的学生提供不同学科的补充教育，同时给予教师在教学法上的支持。

工作站——这是少年旅游爱好者、自然科学爱好者、环境保护爱好者或技术爱好者的社区。

3. 从活动内容上分类

艺术类——这类教育机构的核心就是发展孩子们的各种创造才能，鼓励他们对于各种艺术的渴望。

技术类——适合具有工程思维的孩子，使他们从童年时起就可以解决相对复杂的技术课题。

地方志类——使孩子们了解自己家乡的人文、地理及历史。这也是对孩子们的一种爱家乡、爱祖国的教育方式。

自然科学类——针对自然科学的详细研究：化学、物理学、天文学。

运动类——发展体能，培养孩子们的毅力和耐力。

社会科学类——针对有天赋和需要额外关注的孩子进行特殊培养。

三、俄罗斯补充教育的真谛

俄罗斯现代补充教育机构的教学并不是像我们一般认为的那样，为了让孩子们学习好，考个高分，为了将来成功成名；教学也不受传统框架的限制。教师们在补充教育这一方面要达到的最终目的是：培养孩子们具有应对未来生活节奏的思维，并能充分发挥他们的创造力、体能和个人潜力，也就是说，培养孩子成为全面发展的独立的人。

四、俄罗斯中小学校的补充教育

俄罗斯学校的补充教育是一种教育教学方法，而并不仅仅是普通的兴趣活动：它把课外活动和选修课结合在一起，尽可能地满足成长过程中孩子们对于教育和社会文化的需求。完善的学校补充教育体系能够保持和加强孩子们的心理健康，培养和促进他们对知识的持续兴趣，提高自律标准，培养男孩和女孩的创造潜力。同时，学校补充教育还是学生持续学习和个性形成的辅助手段，以及他们选择学习侧重点，并确定未来专业等的动力来源。

（一）学校补充教育系统的目标、意义

归结起来，学校补充教育系统的目标有这样几点：满足学生们的需求；帮助学生发展他们的个性和发挥他们的创造潜力；保障孩子们心理和社会的舒适感；协调好同学们之间的关系；激励孩子们的自我发展和自律精神；通过深化和应用在课堂上获得的知识，将学生在普通学校所受教育时未发现的潜力变为现实。

学校补充教育的价值在于让孩子们意识到学校教育的重要性，从而更加认真地对待所学课程，并且有助于践行他们在课堂上获得的知识。学校的补充教育培养了孩子们的自律性，提高了他们的组织能力

和自我控制能力。不同的孩子因为共同的兴趣在小组里团结合作，强化了他们的团队精神，锻炼了他们的人际交往能力，使他们不仅能对自己负责任，而且能对整个团队成员负责任。

（二）学校补充教育的基本功能

教学功能：使学生获得相对于课堂上或者以前未知的知识。

教育功能：丰富学校的人文环境，形成学校文化，并在此基础上讨论具体的道德观；使学生们在潜移默化中了解和掌握文化。

创造性：创建一个可以帮助学生实现个人创造天赋的机动系统。

整合功能：整合校内教学空间。

社会化：获得社会经验，通过在课堂上演绎人与社会联系的学习，获得日常生活所需的个人素质。

自我实现：获得在社会和文化生活领域中的自决权，学会克服困难和接受成功，实现自我发展。

（三）学校补充教育的主要教学方向

学校补充教育的教学方向以学生们感兴趣的科目为基础，包括以下几个主要方向。

编程和机器人技术：提供给孩子们深入研究信息学及编写程序，以及在实践中应用信息和数字技术的可能性。

自然科学：教授孩子们研究技能，培养他们的综合思维能力和理论联系实践的意识。

生态学：揭示人与自然的关系，明确其在人们生活中的作用。

文化研究：协助孩子们熟悉和研究世界文明的成就，培养他们适应社会并在社会生活的各个方面挖掘自己的潜力。

体育运动方向：传授体育文化技能，使学生形成对正确生活方式的渴望，相信运动带来的改变；培养孩子们的责任意识和团队精神，强化他们的意志，提高与团队成员合作的能力。

（四）学校补充教育机构的工作步骤

顺利而有效地进行学校的补充教育，离不开合理的管理。事实上，在学校补充教育的管理问题上，学校、老师和学生之间的关系不是管理和被管理的关系，而是互动关系，互为主体和客体，相辅相成。完整的学校补充教育需要以下五个步骤。

1. 研究学生的愿望和需求。通过书面问卷和测试，与孩子们及家长的口头访谈，以及对学生完成在校教育的质量进行教学监控等方式来收集数据。

2. 建立各种兴趣小组、团体、工作室和选修课，在此基础上形成补充教育系统的模式。确定课外教学的主要方向，根据希望参加的人数及补充课程的必要性，制订相应的补充教育计划。

3. 协助教师和学生确定学习领域。孩子们可以自由选择补充教育的方向，在课程开始之前，对他们进行专业测试，其结果可能对于他们未来的学习有一定指导意义。

4. 日常的测验和及时的工作调整。明确总结周期，收集学生出席补充教育课程的出勤率和主要科目学习成绩的数据，系统化并分析这些信息。根据处理结果，确定问题并制定纠正措施。

5. 分析补充教育活动并确定有前景的方向。不断监察参加课外活动的学生的教育质量，促进各项活动之间的相互协同作用，进行关于教育问题及信息技术引进的经验交流。

（五）我所在学校的补充教育

我所在的学校就是那种被称为"中心"的教育综合体，同时我们还是一个自治的教育中心，这意味着中心在俄联邦教育法的框架下运转，并且在资金的使用上、吸引投资方面以及教材和课程的选择上都有些自主的权力。前面说过，"中心"包括两所幼儿园，一所小学，一所中学——中学里包含普通学校、中文学校和美术学校，一所高中，一所工程师学校，还有一个基地。如此多的分支机构，当然有很多的补充教育课程。特别是我们还有一个专供进行课外活动的基地，这就更使"中心"在补充教育方面具有了得天独厚的条件。

"中心"的补充教育大概有这样几类：

科技类：设计编程、机器人制作、火箭模型制作等；

奥林匹克竞赛需要准备的课程：数学、信息学、化学、物理、地理等；

音乐：钢琴、吉他、合唱等；

舞蹈：芭蕾舞、国标舞、体育舞、古典舞等；

体育类：艺术体操、乒乓球、篮球、国际象棋、跆拳道、网球（"中心"有一个正式的网球馆）、足球等；

艺术类：素描、雕塑、剪纸等；

手工类：缝纫、制作模型等；

与中国有关的：中国文化、中国武术、中国画、中国书法等；

另外还有戏剧和新闻中心等。

每种课程都有对于孩子年龄的相关要求，即几年级学生可以参加。其中只有很少几项是收费的，大多数都是免费的补充教育课程。所有补充教育课程的时间、地点、名称都发布在学校的网页上，学生及家长可以根据各自的兴趣和不同需要报名参加。

（六）我的学生们都参加了哪些补充教育课程

我个别授课的孩子很多，可能是因为这些孩子的家庭比较富裕，所以他们选择接受的补充教育都是非常严肃和正规的,当然也是付费比较多的。说正规,是因为他们一般要在学校学习3年以上,必须按时上课并完成作业,而且要通过很严格的考试,考试合格者结业时会得到毕业证书。

有一个叫玛莎的女孩子,学了3年绘画,中文学得不错,现在在俄罗斯国际关系学院读书。她非常会打扮,我总是很欣赏她给自己挑选的服装、发型以及搭配的书包。她弟弟也跟我学中文,他的数学相当棒,在一所大学的补充教育机构学习自然科学,参加奥林匹克数学竞赛已经达到国家级水平。

现在正在跟我学习中文的6年级男孩儿阿尔吉姆,同时在一所音乐学校学习打鼓,每周上3次课,经常晚上9点到家,据说还要再学一年才能结业。

一个叫沃瓦的男孩儿,从5年级就开始跟我学中文,现在已经10年级了。他特别喜欢足球,而且是俄罗斯斯巴达克队的铁粉,每年都买年票观看斯巴达克队的各种比赛。他自己还是一个区足球队的成员,每周训练两次,比赛一次,还经常代表球队去参加比赛。因为他球踢得好,所以被选拔为联盟的成员,在青少年足球联盟踢球不需要再额外付费。

还有一个叫达莎的女孩儿,非常喜欢武术,参加了一个俱乐部,每周4次训练,每次都要先跑步锻炼两个小时然后开始武术学习训练。我问她累不累,她说不累,这种热爱和刻苦很让我佩服。

总之,我的学生每人都有自己的兴趣爱好,都在学习的同时接受补充教育,这些补充教育课程是他们在学校学不到的,但又是他们热爱的。他们后来上大学所学的专业几乎都跟他们所接受的补充教育无关,但他们都是响当当的好学生,补充教育让他们更有生活情趣,具备多方面技能,让他们能更好地活在当下,适应未来。

第六节 俄罗斯的数字学校

近几年,在俄罗斯悄然兴起了数字学校,而且发展势头极为强劲。到目前为止,基本框架的构建、课程的编制已经接近尾声,而在编制过程中,许多学校已经开始了不同程度的试行。在不久的将来,数字学校将全面正式投入运行。

一、俄罗斯数字学校

俄罗斯数字学校是受总统普京委托(2016年1月2日),由科教部大力推广和全力打造的利用先进科技手段进行教学的学校。数字学校使教学过程变得简单、方便,而且更有效;数字学校是一个将学生、教师和家长联合在一起的信息和教育环境,无论社会文化条件怎样,学生们都能平等地获得高质量的普通教育。

(一)俄罗斯数字学校的目的

俄罗斯推广数字学校的目的包括:

提高教育学生的质量;

使实施个性教学计划具有可能性;

帮助教师掌握新的教学方法;

帮助家长在家里协助孩子完成学习任务；

使日新月异的新科技成为教学过程的一部分；

充分利用俄罗斯各地区的教育潜力。

（二）俄罗斯数字学校的优势

数字学校创造了统一的数字空间，现代科技+高质量教学，不受地域限制，无论你是在俄罗斯各地，还是居住在俄罗斯境外都可以得到同等的教育。同时，数字学校还适应各种类型学生的需要，可以根据每个孩子的特点进行教学，包括那些有特殊需求的学生：天才学生、智障学生、残疾学生、患有疾病在家休养和在医院治疗的学生，接受家庭教育和自我教育形式的学生，以及开放式和封闭式的特殊教育机构的学生等。

数字学校可以扩大教学范围，增加教学的可能性。学生们不出校门就可以通过观看虚拟博物馆了解真实博物馆的一切；可以通过虚拟剧院观看戏剧表演；和家长一起上课；完成互动作业；找到适合个人的时间学习。学生在俄罗斯数字学校可以对所学知识进行测验，并且得到评分。所有进行过的测验及分数都记录在册，以便查询。

在俄罗斯数字学校授课的老师都是俄罗斯最优秀的教师——年度最佳教师竞赛的获奖者、国家奖项的获奖者都可能在这里讲课。

俄罗斯数字学校含有1～11年级各学科的全套课程，这些课程是经过俄罗斯教育学院评估鉴定的，完全符合俄罗斯关于普通教育的标准。

对于老师来说，他们可以在数字学校享用最新的科学技术，创建自己独有的教学计划，借鉴其他老师的经验；同时缩短准备课程、搜索信息和验证信息准确性的时间，有效地提高教学质量。

俄罗斯数字学校还拥有俄罗斯最大的国家水平的图书馆，各种教材、电影、图片、视频、演示应有尽有。

学生在俄罗斯数字学校可以随时学习新的或重复已经学过的课程，还可以补上错过的课程。如果老师发现教学中的漏洞，也可以及时进行修正和完善。

在生活中，家长们经常咨询的问题是：怎样才能帮助孩子完成作业？怎样补上错过的课程？这些问题都可以通过数字学校得以解决。家长可以在任何时候和孩子一起在俄罗斯数字学校学习，而学习时间的掌握，以孩子对课程的理解为准。数字学校有海量的练习，可以帮助孩子理解课程；测验可以让家长了解孩子学习的状况。

世界没有停止发展，数字学校也在不断给教师、学生和家长们带来更多的新科技、新教学法和新知识。数字学校向学生们展现未来教育的无限可能，也可以说，数字教育就是教育的未来。

二、莫斯科数字学校

了解到数字学校在俄罗斯的推广和发展后，就不得不提到莫斯科数字学校。作为先锋，它对俄罗斯数字学校的建成所起到的促进作用极大，功不可没。莫斯科市是最先开始从技术、人力、资金等各方面投入力量构建数字学校的，莫斯科市市长直接监督数字学校的进展情况。莫斯科市的教师最先投入编制工作，数字学校也是最先在莫斯科市的学校开始试运行。这为俄罗斯数字学校的发展提供了借鉴模式。

目前，莫斯科市已有1 457所教学楼开通了与数字学校的链接。从2018年9月1日起，莫斯科市所有学校都配备了触屏的"多功能智能控制板"（代替传统的黑板、白板）、笔记本电脑、高速互联网和Wi-Fi。

莫斯科数字学校都具备什么？

（一）多功能智能控制板

多功能智能控制板集众多功能于一体，包括：用于录音、录像的工作台，用于显示视频和摄影资料的电影室，用于访问互联网的浏览器以及用于演示数字课程的大屏幕。因为采用触屏，所以操作起来非常方便。

现在想想，我所工作的学校的确是比较先进而且富有的学校，两年前我们就有了多功能智能控制板。当时我还觉得非常惊奇，恨不得自己也买一块儿挂在家里。它集中了所有电脑和电视的功能，外加教学功能。似乎是想干什么就可以干什么。学生们有时不想上课了，比如临近放假的时候，他们就要求看中国电影，这也是一种学习中文的方式。我和他们一起看得最多的就是《西游记》。

（二）电子教科书和测试题

数字学校的电子教科书和测试题给我们展现的是这样一番情景：数字资料代替了装满教科书的书包；互动测试代替了以往的纸张测验；多媒体课程场景演示代替了以往老师挂在教室墙上的印刷图片。

（三）互动课程教案

莫斯科数字学校里丰富的教案库和教学资料图书馆代替了以往写在纸上的教学提纲，使教师的备课工作变得更容易，更方便。

（四）随时随地随手可得的课堂

莫斯科数字学校的服务是移动的，可在线随时获得。教师、家长和孩子无论在哪里——家里、路上或者外面，都可以使用它。

（五）电子日记和期刊

这是莫斯科数字学校的亮点。电子日记和期刊是一个单独的系统，为教师、家长和学生提供不同的界面。老师每天都要填写期刊，内容包括记录日程安排和工作计划及其执行情况，给学生的分数包括课堂表现、作业完成情况及测验的分数、给学生留的作业等，以便与家长沟通。课程的主题从预先准备的时间表中加载。学生和他们的家长可以看到系统的第二部分——电子日记。学生和家长各自有不同的密码，每个密码都有自己的特定功能。家长可以查看成绩、课程安排，与老师沟通，包括告知老师孩子缺席情况等，还可以与老师互相留言进行沟通，但孩子看不到。学生看自己的日程安排和老师留的作业，也可以随时看到自己的成绩。

2016-2017学年该系统在莫斯科市的170所学校中使用。从2018年9月1日起，莫斯科市的所有学校都开始使用电子期刊和日记。

(六) 电子图书馆

电子图书馆是一个以数字形式提供教育资料的平台。它不仅包含小学、中学和高中所有科目的教科书和参考书，还包括相关科目的测试题，并且包括所有小学、普通中学和高中课程的课堂互动演示。

据路透社报道，俄联邦教育部长表示，到2020年，俄罗斯计划完全取消11个学科的纸质教科书，取而代之的是"以规定方式认证的系统接入卡"。专家们确信，电子教材将应用于所有主要学科：俄语、文学、历史、代数、几何、物理、化学、生物，等等。

时代在前进，科技在发展，让我们着眼俄罗斯数字学校的未来。

第七节 俄罗斯学校的选课走班

俄罗斯学校的选课走班由来已久，无论是家长、学生还是老师，谁也不会再去研究为什么要选课走班，它已经是一种司空见惯的必需的学习模式。一般来说，走班，从5年级即小学结束之后开始，就是上什么课就去什么教室；而选课是从10年级即进入高中的学习时开始，学生们根据自己的兴趣，主要是由继续学习的方向决定选择的课程。有些学校条件好，功能多，从5年级就开始选课了。比如，我任教的察里津诺教育中心548学校。下面我来具体介绍一下俄罗斯学校的选课走班。

一、走班

1987年以前，俄罗斯基础教育为10年制，小学3年，中学5年，高中2年。从1987年开始，有些学校改为小学4年，但有些学校还坚持小学3年。直到2001年，俄罗斯中小学才正式实行11年教学制，即小学4年，中学5年，高中2年。也就是说，从2001年开始，小学4年结束之后，正式开始走班。

小学的课程非常简单，只有阅读、算术、写字、手工、体育、常识、音乐、美术、舞蹈和至少一门外语，都是最基本的知识。除了体育课、音乐课和舞蹈课需要特定的老师和场地以外，其他课一位老师、一个教室就足够完成教学任务了。所以，小学4年，学生们都在一个教室里学习。5年级以后情况就不同了，课程越来越多而且越来越深化了，每种课程都需要更多的教学设备而且是适于该课程的特有设备，比如物理、化学，就需要实验室及相关器材；外语则需要录音、录像甚至是专有的听力教室；即使是俄语、文学这些似乎不需要太多设备的课程，也需要有播放设备、书柜等，以使学生们更直接地了解和感受所学内容的器材。如此，认真装备每一种教学科目的教室就成了必然，而走班也就成了自然了。

走班，可以大大提高学习效率，提高学生们的理解和互动能力。学生们进入每个学科的教室，其实就是某种意义上的身临其境，而这种感觉不仅可以帮助他们更快地进入学习角色，而且还可以提高他们对于实际生活的认知能力。

下面我举例介绍莫斯科一所学校的各种教室。

（一）数学教室

这所学校一共有3个数学教室均设有演示教学设备：平面和立体几何图形的演示图集，包括可拆卸的几何图形。3个数学教室共有6部台式电脑、2个笔记本电脑、2台打印机、3台电视、2个音响设备、1台多媒体投影仪、2个教学模型和3台扫描仪。

所有数学教室都配备了演示桌、模型和工具包（标尺、三角尺、量角器、圆规）。

（二）物理教室

物理是一门实验性科学，完善的教学设备可以提高学生们学习物理的积极性，同时为老师的教学工作提供方便。

文件柜：教师为上课做准备和提高教学质量所需要的一切，包括规范性文件、教学计划、科学教学法文件和教育文献、期刊、教科书和教具等。

与物理实验相关的用品,包括辅助工具、视听设备、打印机和计算机等旨在保证物理实验与研究顺利进行的必要用品。

设备:计算机、电视、直流和交流电压源、泵,支架等;实验室设备用于实验和操作;演示设备包括通用套件和单个设备。

(三) 生物学教室

生物学教室的各种器具有助于提高课程的有效性,使其更直观、更丰富、更有趣且更有意义。材料和教具的系统化使其易于在课上教学和课外活动中找到和使用。

科学家肖像,生物学教室通常会摆放一些有代表性的科学家的肖像。

组合柜:用于组织生物学教育过程的规范性文件;教科书、教学辅助工具、参考资料、科普文学;用于组织学生认知和独立实践活动的教学资料和讲义;互动教具包括电子多媒体教科书及综合教学程序;表格、示意图。

生物柜:计算机、电视、摄像机、光显微镜和数字显微镜(10台)、实验室设备、信息和通信工具。

天然物品—植物标本柜:收藏品存放在柜子的封闭区域中。

(四) 俄语、文学、历史和社会学教室

在这四门课的教室里,配备了足够数量的实施深入学习计划的技术培训辅助工具,即在教学过程中使用的具有教学支持,用于显示和处理以及优化信息的整套技术设备;教学资料和讲义材料;演示和实验室设备;视觉辅助工具;数字教育资源,教育、教学和参考文献等。

除了上述教室,该学校还有化学教室、信息学教室、技术教室等,在此就不一一说明了。总之,从这些教室的介绍中我们可以得出为什么一定要"走班"的启示。

二、选课

在至今仍然生效的俄罗斯联邦教育部2002年7月18日颁布的

2783号"关于批准中学高年级专业教育方案"的命令中，就详细阐明了中学专业教育的概念、可能性、必要性，以及对于实行专业教育的教师和机构的要求等。后来在2013年12月29日制定的俄罗斯联邦法律№273-F3号"关于俄罗斯联邦的教育"（即《俄罗斯教育法》）中又给出了更确定和更清晰的说明。也就是说，从法律和理论上讲，俄罗斯中学高年级的专业教育早就有所说明和指导，选课的教学形式也早就出现了，只是由于各地区学校在教学、资金等方面的水平不同，所以执行力度也有所不同。最新要求是，到2024年，全俄将有90%的学校都实行专业教育，即90%的高中学生都要选择专业课就读，选课成为必要行为。

（一）专业教育和专业学校

首先，我们要分清两个概念，即专业教育和专业学校。专业教育是教育差异化和个性化的一种手段。它允许由于教育过程的结构、内容和组织的变化而更注重高中学生的兴趣、爱好和能力，从而为他们的专业兴趣和未来学习方向创造条件。

专业学校是实现这一目标的主要形式。但相对于专业学校，普通学校的专业培训更有希望，更切实可行。这就是我们要讲的公共教育机构的专业教育。

（二）专业教育的目的

保证公共教育中每个科目的深度学习；为高中学生选择现有的不同教育内容创造更广泛和深刻的可能性，并为他们制订个性化的教育计划；根据不同学生的能力、个性、爱好和要求，促进他们接受全面教育的平等权利；扩大学生社会化的机会，确保公共教育与专业教育之间的连续性，更有效地为高中毕业生掌握未来高等专业教育课程做好准备。

（三）为什么要在学校进行专业教育

长期的实践可以作为令人信服的证明：在青春期晚些时候，大约从15岁开始，教育系统就应该为学生们创造适宜他们兴趣、能力和未来生活计划的条件。社会学研究表明,大约70%的高中学生希望了解主要学科的基本知识,同时深入学习他们感兴趣的专业知识,只有四分之一的学生希望把所有的学科都完整完成,这正与在学校推广专业教育的观点相契合。

一般来说,15~16岁时,大多数学生已对未来的专业活动领域有所了解。想去中等专业技校学习的学生,大多8年级时就有所准备;而想继续在10~11年级学习的学生,70%~75%的学生,在9年级结束时也已经做出了未来所学专业的可能选择。这说明,高中的专业教育是顺应学生们的需求和承受能力的。

另外,从事高等专业教育的大学也有一种固有的观点,即传统中学毕业的学生无法顺利开始大学的课程,他们通常需要进行一定的专业培训之后,才能适应大学的学习。因此,不少学生不得不花钱上一些补习班。造成这种现象的原因即传统中学的学习方式造成了自身与大学学习课程的连续性的缺失。

大多数高中生认为,传统学校的公共教育不能为在大学的成功学习和进一步的职业发展提供机会。不只是学生,家长、老师及教育界的官员也同样意识到了这个问题。由此可见,在普通学校施行专业教育势在必行。

(四)如何实现专业教育

施行专业教育,关键环节是教学模式。既要充分考虑到学生们的兴趣、能力和愿望,又要考虑到现行教育制度下的一些问题,比如高考、公共教育标准、教科书的稳定性及专业教育教师队伍的组成和培训等。显然,这就需要对现有的学习模式进行一定的改革。

俄罗斯教育部对于高中的教学模式进行了如下改变,即将教育程度分为三级:基础公共教育、专业教育和选修。

基础公共教育课程:所有学生都必须修读的科目,包括数学、历史、俄语和外语,体育以及综合社会科学课程——针对那些把自然科学如数学、技术及其他类似课程作为专业选择的学生;自然科学——

针对那些把人文科学、社会经济等课程作为专业选择的学生。

专业教育课程：涵盖所有公共教育科目，不同点即在学习基础知识之上，一般学生会根据自己的高考科目或者未来报考院系来选择所学专业，进行该科目的深度学习。例如，物理学、化学、生物学，这是自然科学中的专业科目；人文科学方面的专业科目包含俄语、外语、历史、法律、经济学等专业课程。

各科目基础水平和高级水平符合俄罗斯教育部的教育标准，而学生的学习水平反映在学生高考所选择的科目和成绩上（关于俄罗斯的高考请见本书第一章第二节"俄罗斯学校的考试"）。

选修科目：选修课是免费的，选修课不设置考试。设立选修课的目的是提高和巩固学生所选专业科目的知识水平，比如"数学统计"课，支持经济学专业课程的学习；同时，选修课也是为了学生的自我专业培训和建立自身的学习途径，比如人文科学方面的"管理基础"课。

（五）专业教育的四个方向

俄罗斯联邦教育部2002年7月18日颁布的2783号"关于批准中学高年级专业教育方案"的命令为高中即10~11年级的专业教育提供了四个方向：自然科学、人文科学、社会经济和技术。应该说，这四个方向具体到基础教育科目和专业教育科目的混合，其结果是多种多样的。各学校根据自己的需要和特色决定各科目及基础水平和高级水平的搭配。而学生，会根据自己的需要选择偏重自己愿望的班级上课。

举个例子：我女儿读高中时已经决定了要到中国学习汉语，但她必须参加俄罗斯的高考以获取高中毕业证书，因此她选择了对她来说比较容易的人文科学。俄语和基本数学是高考的必考科目，除此之外，还需要选择至少两门科目进行考试。而具体选课，女儿选择了深度学习英文，因为她的英文已经是专业教育水平；她还选择了深度学习历史，因为她不想学习社会学和文学。这样，她每周的英文课和历史课课时就比较多，而社会学课和文学课课时就比较少，物理、化学、生物等自然科学课程根本就没有了。其他同样选择了人文科学但没有选择英文和历史作为深度学习科目的同学，每周的英文课和历史课课时就比较少，相应地，他们所选的其他人文科学课程的课时就比较多。

（六）两年课程安排举例（10~11年级）

这就是一般俄罗斯学校的选课，选课从10年级开始。

自然科学-数学专业教育课程

课程安排	两年学习中每周学习的小时数
1. 基础公共教育科目	
俄语、文学	6
外语	6
历史	4
社会学	4
体育	6
2. 专业教育科目	
数学（基础和高级）	12
物理	8
化学	6
地理	4
生物	6
3. 选修科目（3种形式任选）	
学校提供的5~6门课程	12
教育实践项目，研究活动	学习2年期间不少于70个教学小时

人文科学专业教育课程

课程安排	两年学习中每周学习的小时数
1. 基础公共教育科目	
数学	6
自然科学	6
体育	6
2. 专业教育科目	
俄语、文学（基础水平和高级水平）	12
外语（基础水平和高级水平）	10
历史（基础水平和高级水平）	8
社会科学（基础水平和高级水平）	8
艺术	6
3. 选修科目（3种形式任选）	
学校提供的5~6门课程	12
教育实践项目，研究活动	学习2年期间不少于70个教学小时

（七）专业学校

前文提到"选课"时就说过，要分清"专业教育"和"专业学校"的区别。上面我们介绍了专业教育，那么专业学校是什么样的呢？我以我所在的察里津诺教育中心548学校进行举例说明。

我们学校因为历史悠久，师资力量雄厚，开放办学，又是国家自治学校，资金也比较充足，所以我们有中文学校、艺术学校、经济-法律学校、医学班和工程师学校，它们都属于"专业学校"。这些学校的名称就代表了它们倾向的专业，学校倾向哪个专业，哪个专业的课程就会比较多。

上中文学校和艺术学校需要在小学结束后就做出选择，从5年级开始学习中文或者艺术。中文学校每周有至少5节中文课。艺术学校的学生10年级开始文化课就非常少了，大部分时间都以艺术课或者艺术理论课为主。

上经济-法律学校和医学班从10年级开始。经济-法律学校是为想做经济学家、律师的学生准备的。医学班是为想做医生的学生准备的。

工程师学校从1年级一直到11年级，所学课程偏重工程技术方面。

一般来讲，10年级是做最后选择的时候。比如我女儿5年级时上了艺术学校，但10年级转到了高中的人文科学专业班。我的不少学习中文的学生，也是在10年级转到了各自选择的专业班学习。

第四章

俄罗斯的教育

第一节 俄罗斯的教育改革

苏联解体后，俄罗斯联邦在人、社会、经济、政治等方面得到迅速发展，当然，这也必然影响到社会的另一个重要组成部分——教育的发展。俄罗斯总统普京于2012年12月29日签署了新的《俄罗斯联邦教育法》，这个新教育法于2013年9月1日生效。它取代了两项基本法律：《俄罗斯联邦教育法》（1992年）和《高等教育和研究生教育法》（1996年）。新教育法包含了不少对于苏联解体后教育改革的确认和不少新的改革内容。总体来讲，苏联解体后，俄罗斯联邦的教育改革或者说变化有这样几个主要方面：学年的变化、考试的变化、课外教育的变化、教材的变化及教师标准的变化。

俄罗斯的教育改革是比较缓慢的，但近几年开始加快了速度。对于教育改革，起初，人们的态度是褒贬不一。但随着时间的变化，人们对不少改革措施已经开始习惯并给予认可。中国人对欧美教育也许了解得比较多，对苏联时期的教育也略知一二，但对于俄罗斯教育的现状，特别是苏联解体后教育的改革和发展可能就不是太了解。在此，我重点介绍几个比较主要的方面，希望大家能够对俄罗斯中小学的教育改革有个大概的认知。我个人认为,俄罗斯的教育改革是顺应时代的,是伴随着世界发展的脚步而进行的,有些经验是可以借鉴的。

要谈俄罗斯的教育改革,就必然要涉及苏联的教育,我会做一些适当的比较,使大家在对比之中更明确改革的差异。

一、关于学年的改革

2007年7月24日普京总统签署了《关于建立强制性普通教育的俄罗斯联邦立法修正案》(2007年7月21日194号联邦法):从2007年9月1日起,对7~18岁的少年儿童实行11年免费强制教育。每个人都必须接受普通教育,包括那些被定罪的人,30岁以前也要完成11年的普通教育。

之所以有这样的立法修正案,是因为在苏联时期中小学教育不是11年,而是10年。那时有几种类型的学校,一种是小学,提供1~3年级的教育,即小学教育;一种是初中,提供1~8年级的教育,即初中教育;还有一种是10年教育制学校,等于加上了高中,从1~10年级,提供完整的教育周期。7岁上学,17岁中学毕业,这是苏联时期从小学到高中的教育全过程。经过改革后,俄罗斯的学制为11年,小学4年,中学5年,高中2年。一般孩子在中学毕业时就已经18岁了。

这里还要提的一点是,苏联时期还有寄宿学校和日托班,主要是为那些无暇顾及孩子的父母解决后顾之忧,但是现在这样的学校和班级已经难觅影踪。

二、建立高考、中考制度

(一) 中考、高考制度的建立

从2002年开始,俄罗斯开始试行中考,那时还没有全国统一的考试。现在,中考已经成为统一的国家考试。学生必须进行4门考试,俄语和数学为必考科目,其他两个科目由学生自主选择。只有在4门考试都合格的情况下学生才能获得中学毕业证。

从2009年开始，俄罗斯对于高中毕业生开始实行统一国家考试，即高考。俄语、数学为统一国家考试的必考科目，外语（英语、德语、法语、西班牙语，2019年中文也成为高考的外语选项之一）、物理、化学、生物学、地理、文学、历史、社会研究、计算机科学为选择科目。（关于高考和中考的介绍，请见本书的第一章第二节"俄罗斯学校的考试"。）

（二）为什么要建立高考制度

高考制度建立之初受到了不少质疑，原因是许多专家认为高考无法证明学生达到了获得全方位知识的水平。学生从高中开始已经有针对性地进行学习，只侧重需要考试的科目而忽视其他科目。但是从另外一个角度讲，高考给了每个学生平等竞争的机会，有效地遏制了受贿行贿等腐败现象的发生。这从何说起呢？

在苏联时期，中学有奖励制度：毕业班的学生如果其所有科目的半年度及年度考试成绩均获得"优秀"，就可以获得金质奖章；如果其中有一个"好"，就获得银质奖章。获得奖章不仅仅是精神上的满足，它还给进入大学带来优先权。奖励制度非常有利于鼓励学生努力学习，但从另一方面却助长了行贿受贿的风气。有条件的家庭为了让自己的孩子获得奖章，利用官位或者金钱与学校或者老师在私下达成协议；而没有条件的家庭，哪怕学生学习再好，也可能拿不到奖章。高考制度的诞生，使所有学生都有了一个平等的机会，那就是无论家庭背景如何、有钱与否，只要考出好成绩，就能上好大学。所以，努力备考，就成为了俄罗斯高中生最重大的学习任务。

现在，高中生毕业也会得到奖章，而更多的是精神层面的表彰了。但是，如果学生参加各项奥林匹克比赛并且获奖，那么就会获得免试进入大学的资格，还会得到一笔数目不菲的奖金。奖金是由各州市政府出资，所以奖金的数目也不太一样。一般来讲，都是莫斯科市给的最多。

说一个八卦的事情。据我的一个毕业于俄罗斯友谊大学的女朋友讲，俄罗斯实行高考制度，是因为他们学校的校长到中国参观后，了解了中国的高考制度，感觉很有意义。后来这位校长当上了教育部部长，就把高考事宜提到了桌面上，然后，俄罗斯就开始了高考……

我认为俄罗斯的高考制度还是比较人性化的，除了考期的合理安排，还有备考和补考，特别是高考成绩有效期为5年等条例，让人感觉到无论如何一定让你考上大学的诚意。这可能是与现行中国高考制度选拔性的激烈竞争最大的不同了吧。

三、补充教育的改变

苏联时期的教育还包含一个非常重要的部分，即课外教育。有很多形式的活动组织：少先队组织、少先队之家、少年宫、课外活动小组、少年专家和技术人员工作室等。任何学生都可以根据自己的喜好和兴趣选择一项或者多项活动参加，全部免费。这些课程开阔了学生的眼界，让孩子们学到各种各样的知识，有些活动项目甚至成了孩子们未来选择的职业方向。

而现在的俄罗斯，免费的课外教育越来越少了，几乎所有课外活动都是付费的，只是费用多少的问题。这就导致有些孩子无法接受课外教育，因为不是每个家庭都能承担得起课外教育费用。那么，这些孩子所受教育的不同会引起什么样的差距呢？不得而知，却也不言而喻。

目前，不断改革中的课外教育——现在普遍称之为"补充教育"，补充教育机构主要有三种形式：一种是以学校为基础的补充教育中心，另一种是由小型补充教育机构合并而成的补充教育组织，还有一种是私营的补充教育学校。

这里我们不谈关于私营补充教育学校，只谈第一、二种形式，它们和以往苏联时期的课外教育相比有这样几点不足：

1.以学校为基础的补充教育中心，参加活动的学生只有该校的学生，而苏联时期的少先队之家、少年宫、课外活动小组等是各地区的孩子都可以参加的。

2. 以学校为基础的补充教育中心，其活动内容和老师都由该校老师确定和承担而不是补充教育专家，这样的结果就是增加了学生的压力，却降低了课外教育质量。

3. 当扩建了新的补充教育中心后，许多处于小区深处的国家或市政的补充教育活动组织就停止了工作，这样就缩小了课外活动的地域性。

4. 由于这些变化，教育部的机构要重新分配，非核心项目的预算就必然减少，有些项目可能就消失了。比如，文化部可以留下与艺术相关的补充教育，但模型制作就消失了。

5. 运动学校、艺术学校及音乐学校等补充教育比较流行，但因为免费名额有限，所以就不得不开始收费。

6. 在"优化"的幌子下，位于好区域的儿童之家常常被关闭，房屋被重新开发用于商业活动。

为此，普京总统在2019年2月20日的《俄罗斯联邦总统致联邦会议的咨文》中强调，课外教育对每个孩子都应该是畅行的，学生和他的父母应该有选择的可能：是去少年艺术中心还是去学校的课外活动小组、工作室或者商业教育机构。我们期待新一轮的改革能够让更多的孩子有机会免费接受课外教育。

四、教师的新专业标准

新专业标准《关于批准专业标准〈教师（从事教育活动即在学前教育机构、小学、初中、高中的保育员、教师）〉的决定》（俄罗斯劳动部 2013年10月18日第544н号）包括对俄罗斯学校教师的所有基本要求。根据其发布的规范，每位教师不仅要注意改进和提升他所教授的学科的专业技能水平，还要学习其他学科。

这个修改原专业标准的建议是2012年由总统提议，然后由俄罗斯联邦科教部声明需要更新的。原想2015年实施，但教师们觉得无法承受更多的压力，于是延至2017年；但到了2017年教师工会仍然认为教师们没有准备好，还是没能实行。现在决定从2019年9月开始执行新专业标准。

（一）什么是俄罗斯教师的新专业标准

新专业标准将使学校能够更准确地评估教学人员的资格，并创建一个真正专业的团队。专业标准还考虑到了各种科目教学质量的现代要求和信息的呈现形式。根据其中规定的要求，每位教师必须同时在多个方向有效地工作。

1. 教学方面：教师应最大限度地使用有趣且易于学生理解的资料，并通过适用于学生的表达方式向学生传达必要的知识。与此同时，应该使所有学生都能够准确理解教师所传递的信息。

2. 教育方面：教师应该在道德修养上，成为学生们的榜样。同时对待所有学生，无论他的社会地位和年龄如何，以及是否有其他特殊性，都要一视同仁。

3. 发展方面——除传授学生知识外，教师的职责还包括监督每个孩子的身心状况和发展。如有必要，教师应与学生交谈并帮助他们解决问题。

简而言之，随着新专业标准的实施，教师仅仅向学生们单纯讲解他们所教的学科是不够的，还需要投入更多的时间去选择合适的资料及恰当的表达方法，改进他们对学生的态度，以成为一名合格的专业教师。

（二）新专业标准对于教师的要求

新专业标准还明确规定了教师必须符合的要求：

合理分配用于教学的时间；

处理信息技术，培养学生注意信息技术的细微之处；

判断孩子未来发展的倾向和天赋；

与学生的父母联系并吸引他们参与教育过程；

做好那些被诊断为身体发育迟滞、残疾的学生的教育工作。

这只是要求的一小部分，如果教师无法通过新专业标准的测试，则无法在学校继续工作。但也不是特别可怕，因为可以接受新专业标准的培训，合格后就可以继续做教师。如果教师拒绝接受或者无法掌握和适应新专业标准，可以安排其在学校的其他岗位上工作。

（三）实施新专业标准遇到的困难

很多学校没有技术支持基础，外省市学校没有电脑或者电脑陈旧，但科教部明确表示不能在财务上给予帮助，也即不能提供购买电脑、平板电脑及智能黑板的资金。

老师没有时间去深入学习其他科目及钻研各种技能，更没有时间去有效地针对每个学生进行具体研究。

新专业标准要求每个老师必须具有高等教育资质，但农村学校的教师有许多没有接受过高等教育，因此，当务之急是使农村学校教师的专业水准和学历水平尽快得以提升。

如此看来，新教师专业标准还存在许多问题。虽然俄罗斯教育部为此努力了许多年，但其最终出台的文件还是不够成熟，所以目前所有教师都在焦虑中等待着新专业标准的施行；而要求教师如此履行标准又几乎是不可能的，这些标准最终或许只能成为一种形式，但无论如何，教师新专业标准的实施效果只能待开始执行之后才能根据具体情况进行分析。

五、教材的变化

苏联时期的教材是统一的，那个时期，有太多的东西都是统一的了。这样做有一个好处，就是对于因各种原因转学的学生很方便。苏联解体后，俄罗斯各地的教学都相继采用了自己认为更合适的教材，所以在一段时间里，俄罗斯教材的使用是比较混乱的。比如数学就有16种版本的教材在使用。所以，在新教学法实施之后进行过一次教科书的整理工作，删除了不少有些学校选用的教材。

必须要提的是，俄罗斯目前正在进行着教材上的非常重大的改革,即制作电子教材——不仅仅是教材,还包含教学法,在俄罗斯这种学校被称为"数字学校"。这是受到普京总统和前总理梅德韦杰夫大力支持的一个项目。这个项目是从2016年开始的,目前还在进一步完善,电子教材的使用处于试行期。

使用电子教材的最终目的是以视频、图片等多媒体形式完美地展现教学内容。该项目网站正逐步将俄罗斯最优秀教师的课程发布在1~11年级的基础教育课程中,任何教师都可以参与其中的工作。丰富的信息和大量的资料,将给教师和学生的工作学习带来巨大的帮助。教师和学生可以通过电子教材获取最优秀的教师们提供的讲座,获取最新鲜的信息,学习最现代化并且适合自己的教学和学习方法。

为了推广这个项目,鼓励教师积极参与这项事业,莫斯科市政府做了大量的工作,同时提供奖励金给予那些在网上登出自己编写的教学资料并得到500次以上点赞的老师。

六、新教育法改革措施小结

新的《俄罗斯联邦教育法》于2013年9月1日生效。除了上面讲的几方面重点外,下面再解释一下新法包含的其他主要条款。

教育系统包括学前教育、普通教育、中等职业教育和高等职业教育,学前教育成为持续教育系统的第一级;

学校教育仍然是免费的,根据新的法律,国家有义务在联邦国家教育标准的框架内为每个人提供免费的普通教育;

根据新的法律,当地教育部门要为每个社区建立一所学校,并确保生活在该地区的儿童入学;

新法律确定了区别对待每个孩子的教育方法,以及学生对个人教育计划的制订和课程科目选择的权利;国家给予那些因各种原因自己决定进行家庭教育的家庭(不去学校上课但参加国家考试)提供补助金;

新法律确定了教育工作者的特殊地位;公共教育机构教师的劳动

报酬不能低于教师所处地区的平均工资水平；

针对9年级学生的国家最终认证即中学毕业证的获取成为强制性的，统一国家考试的分数有效期为5年。

对于上大学享受优惠条件的规则进行修改。

对于大学的绩效监控将成为年度性的和强制性的要求，无论是公立大学还是私立大学。

改变专业教育系统。高等教育专业包括学士学位、专家学位和硕士学位三个等级，而后为博士生教育。职业学校并入中等专业教育系统，作为培养工人和职员职业的第一阶段。

除了国家的监督、监管、监控和评估教育质量的程序外，还引入了独立的教育质量评估，由独立的组织进行，以及教育组织的社会认证和教育项目的社会专业认证。

七、俄罗斯科学教育部的改组

自2018年5月起，原俄罗斯联邦科学教育部重组为两个部门：俄罗斯联邦教育部和俄罗斯联邦科学与高等教育部。

俄罗斯联邦教育部的职能主要为：负责在普通教育、中等职业教育及其相应的补充教育、职业培训、儿童和成人的补充教育等领域中提供国家服务和资金支持。谢尔盖·克拉措夫从2020年1月21日起为现任俄罗斯联邦教育部部长。

俄罗斯联邦科学与高等教育部的主要职责为：负责制定并实施在高等教育及其相应的补充教育、科学、科学技术和创新活动、纳米技术、国家科学中心和科学城市、知识产权等领域的国家政策和法规。瓦列里·发里科夫从2020年1月21日起为现任俄罗斯联邦科学与高等教育部部长。

第二节 俄罗斯中小学的家庭教育

俄罗斯极为重视和强调家庭教育的重要性和必要性。《俄罗斯联邦宪法》这样解释家庭教育：母亲和孩子的权益受国家保护，关心并培养孩子对于父母来说权利和义务是同等的。

《俄罗斯联邦家庭法》也解释了家长在孩子成长过程中的位置：父母对自己孩子的培育和发展负有责任，他们必须关心孩子的身心健康以及道德的发展。父母在孩子的成长过程中占有相当重要的地位。

《俄罗斯联邦教育法》这样解释家庭教育的优先地位：在其他任何人面前，父母拥有教育和培养孩子的优先权。同时，国家权力机构、地区行政部门及教育机构必须给父母提供帮助，以保障孩子的抚养，保护和加强孩子的身心健康，发展其个人能力，对违反其发展的行为进行必要的纠正。

家庭教育是在特定家庭的背景下通过父母和亲属的努力而形成的一种培养和教育的体系。这是一个复杂的系统，它受到多方面事物的影响：孩子和父母的遗传因素及生物学概念上的健康、物质和经济的保障、社会地位、生活方式、家庭成员数量、居住环境以及家庭对于孩子的态度等。所有这些都有机地交织在一起，在具体情况下表现方式也有所不同。

家庭教育将孩子一生中所有重要的行为方式都有机地包容在一起：智力认知、劳动、社会交往、价值导向、艺术创造、游戏及自由沟通等。

家庭教育的时间持久，贯穿人的整个一生；家庭教育的时间宽广，它无时不在，一天24小时，或者一年中的任何时间随时都可以接受家庭教育，也可以看到家庭教育在每个个体身上的反映。比起在学校接受的知识教育和在工作中接受的职业教育，家庭教育是每个人一生中最基本的也是最重要的教育。

俄罗斯家庭是怎样对待家庭教育的呢？应该说，其水平也是参差不齐。下面我从几个方面为大家做一些介绍。

一、进行综合素质教育，让孩子健康成长

（一）宗教信仰，文化熏陶

俄罗斯大多数公民信奉东正教，祖祖辈辈代代相传。当孩子还很小的时候，父母就把孩子抱到教堂去进行洗礼，也就是说，在孩子还不明白什么是宗教的时候就已经成为东正教徒了，但这不妨碍他们在未来的成长过程中慢慢了解宗教的来源、意义及历史。有些人长大成人后因为各方面因素，成为虔诚的宗教徒，一切都按教规从事；也有些人不是真正意义上的教徒，但宗教在他们的心里、生活中已经留下了印记，所以他们即使并非每周都去做礼拜，也不是每个宗教节日都过，但从行为上讲，他们信奉上帝，遵守法律，尊重良心。我想，这就是俄罗斯家庭教育给孩子们上的第一课，也是建立内心根基的一课。孩子们知道敬畏，了解哪些事可以做，哪是向善的；哪些事坚决不能做，那是要受到上帝惩罚的。正是因为这个原因，有些家长在管教孩子时，如果讲道理无效，或者家长懒于费口舌的时候，就会借上帝来说服孩子——他们会对孩子说，不要那么做，上帝会惩罚你的。

俄罗斯家庭对于孩子的文化培养也从各方面、全方位进行。在孩

子还很小的时候,家长就会带孩子去剧院听歌剧、看芭蕾舞。去剧院一定要着正装,小男孩穿西装,小女孩穿漂亮的裙子;在剧院里不能大声吵闹,不能乱跑打斗;听歌剧看芭蕾舞时都静静地坐着,不会因为看不懂听不懂而烦躁;一般来讲,在去剧院之前,家长已经向孩子们讲解了剧情,可能孩子还不能够完全理解,但他会试着去感受。家长会带孩子去参观各种各样的博物馆,使孩子从小就对历史、文化、艺术、自然、地理、科学等各方面知识有所认知。所有这一切,对孩子未来的成长都会带来潜移默化的影响。等孩子长大了,他们会根据自己的喜好做出选择,但他们的选择都渗透着家长的熏陶,也就是说家庭教育为他们的人生提前做好了铺垫。

众所周知,俄罗斯人爱看书,爷爷、奶奶、爸爸、妈妈也会在孩子很小的时候让他们养成读书的好习惯。随着现代科学的发达,现在的孩子通过多种途径学习,比如通过动画片、电脑,当然还有手机等媒介,去获取大量的知识和信息。

(二)尊重孩子,让孩子自己做出判断

一般来讲,俄罗斯的家长比较尊重孩子的意愿,不会强迫孩子做他们不想做的事情;如果双方对某事意见不一致或看法上有分歧,家长会认真地和孩子交谈,倾听他们的想法,阐述自己的意见,一般情况下双方都能更好地达成一致。但也有僵持不下的时候,那就要看谁更能坚持自己的想法了。

下面举几个发生在我身边的例子,从中可以看出俄罗斯家庭是如何处理家长和孩子之间的关系的。

我女儿的一个女朋友,中学毕业后在上什么大学的问题上与家长产生了分歧。她想去电影学院导演系,因为她对拍电影特别感兴趣,可她的父母都是工程师,希望她去读工科大学,将来做工程师,父母认为做导演是件不靠谱的事儿。双方为此争执不下,最后家长以不给学费相要挟,但孩子也不示弱,决定自己挣学费,结果还是去了电影学院。这个女孩儿很要强,一边学习,一边找各种各样的工作做。很

辛苦，但她坚持着自己的梦想。一年后，家长看到了孩子在学习上和生活上都很努力，也就认可了她的选择。

我女儿的经历刚好相反。她7岁时才开始讲一些中文，我作为妈妈，又是中文老师，当然希望她能把中文学好，将来做个中国通。但她不想学，我试过几次给她上中文课，但总是只有开端，没有后续。我借各种机会和她讲学习中文的重要性，但又不想逼孩子做她不想做的事情，其实从心理上我已经放弃了让她成为汉语专家的想法，觉得会说些中国话就行了。但最终，我的努力没有白费，因为终于有一天女儿对我说，她决定报考中文专业，打算好好学习中文。

还有一个家庭，男孩儿非常喜欢地理，只要和地理有关的话题他都能说得头头是道，还在全俄中学生地理奥林匹克竞赛中获了奖，直接被保送到俄罗斯最著名的莫斯科国立大学。他的父母在他的专业选择问题上从来都不干涉，在他们看来，只要孩子乐意，学什么都好。

俄罗斯家长一般是比较温和的，如果孩子做错了事，家长会以没收手机、不许开电脑、不许散步等形式惩罚孩子。但也有些家长非常严厉，可能用打孩子的方式教育孩子，但这是极个别的现象。

（三）让孩子在游玩中得到锻炼，增长见识

在俄罗斯，家长们还有一条非常重要的使孩子得到教育和锻炼的途径，那就是营地教育，让孩子去参加夏令营或者冬令营活动。营地教育（请见本书第四章第六节"世界最强的俄罗斯营地教育"）在俄罗斯历史久远，我比较了解的阿尔杰克国际少年儿童中心就已经有93年的历史了。这个中心接受7~17岁的来自世界各地的少年儿童，大家所熟悉的宇航员加加林就曾多次在这个营地生活过。普京总统和前总理梅德韦杰夫也经常去阿尔杰克国际少年儿童中心看望孩子们。从2017年开始，这个中心开始接收中国的少年儿童。我很荣幸把第一批中国孩子带到了阿尔杰克国际少年儿童中心。从2017年开始，每逢暑假，都有来自中国的孩子参加阿尔杰克的夏令营活动。

参加夏令营及冬令营活动是俄罗斯家庭最常见的事情。假期临近时，家长都会提前给孩子们预订夏令营或者冬令营活动。夏令营比较普遍，因为暑假时间比较长。夏令营活动的内容五花八门，有文学的、艺术的、各种运动的、音乐的，也有语言的、科技的等。对于俄罗斯家庭来说，参加夏令营是正常生活的一部分，当然也是家庭教育的一部分。

另外，家长还会在假期时带孩子去旅游。根据家庭经济条件的不同，家长会带孩子们或者去世界各国，或者在俄罗斯境内，或者哪儿也不去就回自家的乡下别墅。在俄罗斯，乡下别墅也有很多种。有的别墅四季都可以住，各种设施齐全；有的别墅只能夏天住，比较简陋，但可以与大自然亲密接触。

总之，无论是参加夏令营活动，还是和家长一起去旅游，孩子们都能够开阔眼界、增长见识、亲近大自然、了解社会及不同的生活和人。这样全方位的家庭教育对孩子的成长同样起着非常重要的作用。

（四）给孩子提供补充教育的机会

参加各种课余活动，接受补充教育（请见本书第三章第五节"俄罗斯的补充教育"）也是俄罗斯家长培养孩子的一种方法。几乎所有的俄罗斯孩子都有一两种爱好，绘画、歌舞、球类或科技等，家长支持和鼓励孩子参加课外活动，去补充教育机构学习。孩子们不仅在学校里学知识，还能够根据自己的爱好或者需求在补充教育机构学到更多的东西，以成为知识丰富、技能多样、更容易融入社会的人才。

综上所述，我们可以得出这样的结论：俄罗斯的家庭教育是比较全面和综合的，目的在于让孩子对各方面知识都有所了解，均衡发展，全面提升，为未来的人生奠定坚实的基础。

二、如何对待孩子的学习

（一）选择适合自己的专业，不一定非上大学

俄罗斯的家长像所有家长一样，非常重视孩子的学习，希望孩子取得好成绩，但他们不像中国有些父母那样总是非常焦虑，他们望子成龙甚至要求孩子必须成龙成凤。俄罗斯的家长会督促孩子认真学

习，给孩子提供一切他们可以提供的条件，但他们不会逼着孩子非要学成什么样。他们会根据孩子的具体情况规划孩子的未来。

比如俄罗斯的家长在孩子是否上大学这个问题上并不存在执念，他们也没有特别觉得不上大学就没有面子或者孩子没有前途。有些孩子不想上大学或者凭他的学习成绩和能力上不了大学，家长就帮他选择合适的中等专业技术学校，上中专也可以直接选择专业，也能找到一份好工作。更何况，将来如果孩子想继续学习，还可以再考大学。我的一个学校同事的孩子就是这样的：她儿子学习成绩不是太好，但比较喜欢电脑，中学毕业后，她就帮儿子选择了一个电脑中专学校继续攻读，现在，他已经毕业并且找到了一份理想的工作。不管是我的同事还是她的孩子都认为这样的选择是对的，他们并没有觉得不光彩。

(二) 随时了解孩子的学习情况

感谢俄罗斯的数字学校（请见本书第三章第六节"俄罗斯的数字学校"）为家长和老师之间的沟通提供了方便。家长一般通过老师的电子日志了解孩子的作业完成情况和考试成绩并建立与老师的沟通渠道，当然，也会直接询问孩子关于学习方面的情况。如果家长发现孩子哪门功课成绩不太好，学习起来比较吃力，一般会多督促孩子重复学习，如果家长发现孩子需要帮助但自己又无法辅导孩子，就会请家教来帮忙，有的学生可能同时有两三个家教。

非常有意思的是，家长对男孩子的要求和对女孩子的要求是有些区别的。如果男孩子经常得3分或者4分，也就是我们的60分或者80分，家长不会觉得非常差，他们认为男孩子成绩不好可以理解；但如果女孩子成绩不好，家长就觉得不应该，女孩子需要更努力。但从另一方面来说，家长对男孩子运动方面的要求比较严格，希望他起码会一项体育运动，但对女孩子运动方面的要求就不那么高了。

家长关心孩子的学习情况，尽己所能地督促和帮助孩子搞好学习，但不要求孩子的学习成绩一定如何如何。家长经常用给予奖励来激励孩子学习，比如在孩子取得好成绩时，送个小礼物；孩子取得了非常棒的成绩时会奖励一件贵重物品或者一次旅行等。

当家长发现孩子学习太累以至于情绪不高或者身体疲倦时，会索性让孩子放下学习休息两天。家长自己会和学校商谈，让孩子放松一下再开始学习。我以前的一个女学生因为想报考俄罗斯联邦国际关系学院，学习非常努力。由于这所大学的门槛比较高，所以她除了上学校的课以外，还去上这所大学的补习班，整天疲惫不堪。就要临近高考了，有一天她没有来上课，我很奇怪，因为我觉得这正是学习的关键时刻，怎么可以不来呢？她妈妈打电话给我解释说，孩子这段时间太辛苦了，神经绷得太紧了，我让她出去玩几天，放松放松。当时我听了以后第一反应是吃惊，但马上我就理解这位母亲了：考试再重要也没有女儿的身心健康重要。让孩子休息两天，以饱满的精神和轻松的心态参加考试，比心情沉重、紧张要强很多。这也是俄罗斯家长非常开明的地方。

三、如何对待孩子的生活

在俄罗斯，家长对于孩子生活上的照顾，因家庭条件和父母的工作状况不同而差别较大。有的父母工作很忙，孩子要自己做饭，自己照顾自己；有的家庭孩子多，大孩子还要帮忙照顾弟弟妹妹；有的家庭母亲不上班，专职照顾孩子照顾家，孩子就基本上什么都不需要做了。

一般来说，到了4年级甚至6年级，孩子去哪里家长都会跟着，这是从安全的角度考虑的。7年级以后，孩子的自由度就比较大了。可以和朋友们一起出去玩儿，也可以在同学家过夜。孩子16岁时，有些家长就允许孩子在节日时稍微喝点儿加了甜酒的饮料，也允许孩子交男、女朋友。俄罗斯家长更关注的是自己的孩子与什么样的群体交往，如果不是品质恶劣的团体，即都不是坏孩子，那么15~16岁的孩子聚会时喝点酒，男女生之间交朋友都是允许的。在学校里，老师也不干涉男女生交朋友。在俄罗斯，无论是家长还是老师，都认为青春年少情窦初开是正常的事情。当然家长会密切关注交友的发展动向，并提前向孩子解释生理卫生知识。对我来说比较有意思的是，有的男孩儿和女孩儿的双方家长还正式见面，知晓各自的孩子在交朋友。

从9年级特别是10~11年级，孩子的着装开始发生很大的变化。学校里已经不要求学生一定穿校服了。孩子们的穿戴开始成人化，特别是女孩子，用服装勾勒出少女的身材，看上去非常漂亮。学生们的打扮也是依家庭条件而定。女孩儿开始化妆、修指甲、戴首饰等。除非是特别出格的装扮，一般情况下，家长和学校都允许孩子们更美更帅一些。

四、如何看待孩子的未来

前面谈家长如何对待孩子的学习问题时已经说过——对于孩子的未来，俄罗斯家长一般比较实际：遵纪守法，自食其力。至于选择什么职业——孩子可以做什么，能做什么就做什么，一般不会把自己的意愿强加给孩子。家长会给孩子提一些建议，会想办法说服孩子做家长希望的事情，但最终还要尊重孩子的意愿。

五、家庭教育存在的问题及解决办法

前面我讲了不少俄罗斯家庭教育的优点，但实际上也存在着很多不尽如人意的地方，特别是在边远城镇。因为父母的受教育程度不同，家庭条件及背景不同，以及一些现代化的伦理道德观念的出现，家庭教育并不绝对是高质量的。有些父母不知道如何养育自己的孩子并帮助其发展；有些父母没有责任心，放弃对孩子的家庭教育；有些父母因为具体生活状况无法对自己的孩子进行良好的家庭教育；还有的父母根本就认为家庭教育没有任何意义，所有这些都造成了一些不良后果。据统计，有许多儿童无人监管或者流浪街头，在预防青少年犯罪的各个部门登记了42.5万名儿童。根据警察和心理学家的说法，有些犯罪儿童都成了惯犯。

为此，俄罗斯联邦国家家长协会2018年在俄罗斯联邦科学教育部的支持下制定和实施了一个名为"公共教育机构及家庭校内校外互动以形成和促进家庭价值观保障法"的项目。该项目以图文并茂的方式解读父母参与教育的必要性及具体方式方法，旨在提高家庭教育水平，使父母充分意识到家庭价值观形成的重要性，营造一个更和谐的家庭环境帮助孩子更好地成长。

第三节 俄罗斯中小学的家校合作

苏联作家列夫·卡西里曾这样描述家庭和学校的关系:"家庭和学校就像海岸和大海。在岸边,孩子迈出了第一步,然后在他的面前出现了一望无际的知识的海洋,学校就建造在这片海洋上……但这并不意味着孩子应该彻底脱离海岸。"这段话为我们绘制了一幅家校合作的关系图:紧紧相依,互为作用。

一、家校合作的必要性

我们知道,孩子的生活中包括两个重要领域:家庭和学校。

家庭,是人类生活的第一步。当孩子刚刚来到这个世界,家庭是第一个使孩子有了最初的意识、意志和感受的地方。孩子形成什么样的性格,在很大程度上取决于家庭的传统,以及孩子在家庭中的位置及家庭成员对他的教育途径。在父母的指导下,孩子获得了他的第一次生活经历,获得了周围现实的基础知识及最基本的社会生活技能和习惯。家庭是复杂的抚养孩子过程中最重要的参与者。孩子成长中的大部分时间都在这里度过。正是在这里,孩子习惯并接受了其个性形成的三个主要组成部分:母语、民族及当时的世界观。

学校，是孩子继家庭后开始走向社会的第一步。在学校，孩子接触到更多的人和事物，系统地学习适应未来生活的必要知识，逐渐形成个性，成为一个对国家、对民族及对家庭有所作为的人。

无论是家庭还是学校，对于孩子的成长都有一个共同的目标——培养和教育孩子，使其健康正确地成长和发展。目标是一致的，但由于家庭条件、社会背景、父母受教育程度及其经历等各不相同，所以要完全达到目的是非常艰难的——只有在家庭和学校之间建立一种良性循环的合作和互动关系，双方相互信任和尊重、相互支持和协助、相互宽容和拥有耐心才有可能达到目的。可见家庭和学校的合作是重要而复杂的。

二、俄罗斯家校合作的形式

家庭和学校合作的形式是教育过程成功的条件之一，特别是在孩子初入校门的几年。所以，学校的主要任务之一是建立一个基于教师、学生和家长三者作为平等伙伴的互动教学体系。

学校与家庭的互动是教师、学生和家长在共同活动和交流过程中的关系。由于互动使学校和家庭双方都得到发展，因此，学校与家庭的互动成为了双方共同发展的源泉和重要机制。在俄罗斯，家校合作的方式有很多种，而确保家庭与学校真正联系的主要任务基本上就全落在了班主任肩上。班主任根据不同情况采取不同形式的互动来促进学校和家庭的合作。一般来说，有一对一、专题会议和群体活动这样三种形式：

（一）一对一的形式

1. 家访

前面我们谈到家庭对于孩子的重要性，而家访就是从根源上了解孩子并为孩子选择正确方向和纠错方法的重要途径。老师会从家访中观察到家庭教育的条件、家庭内部相互关系的特殊性以及父母在养育子女问题上的态度。可以说，没有关于学生家庭的具体信息，很难为学生提供适当的支持和帮助。但应该说明的是，家访形式不适用于那些家境比较好的学生。

一般来讲，班主任在家访中主要会做到以下几点：首先，让家长感受到老师真心为孩子好的诚意，使家长能和老师坦诚交流；然后谈论孩子存在的问题，当然也不能忽略孩子的优点；同时不露痕迹地提出解决问题的建议，让家长觉得似乎是他们自己决定这么做的；最后老师和家长达成一致并去施行。

2. 请家长到学校一叙

请家长到学校一叙是根据具体情况进行的，属于老师向家长寻求帮助。可能是因为好事，比如学生要参加某种竞赛，需要家长配合做些准备等；也可能是因为不太好的事情，学生经常不完成作业或者有不良行为等。老师希望和家长共同协商，一起找出解决问题的办法。我们学校一般采取这种办法，很少采用家访的形式。

3. 运用现代通信手段进行沟通

现在学校运用现代通信手段与学生父母沟通的方式更为流行。现代生活节奏使教师和家长的工作日程总是安排得满满的，而现代的通信技术又给教师与家长之间的沟通提供了方便，特别是数字学校的出现，为家校之间的联系提供了更直接的方式。

4. 校长接待日

如果家长有任何问题，可以在校长接待日直接向校长咨询并共同探讨解决问题的办法。我们学校的校长接待日为每周六9点到12点。

（二）专题会议的形式

1. 圆桌会议

针对某个问题在教师和家长之间以及家长和家长之间进行充分讨论，大家都阐述各自的观点并提出解决问题的办法，这对于交流经验和看法，形成最终决议非常有帮助。

2. 专题讲座

可以是老师根据班级具体情况及希望家长注意到的问题进行的讲

座，讲座的主题与家长相关，既丰富多样又生动有趣，例如："小学生的年龄特征""什么是自我教育""儿童与自然""孩子生活中的艺术""家庭对于孩子的性教育"等；也可以是给老师和家长举办讲座，请一些心理、教育、法律方面的专家进行深入浅出的讲解，使家长从理论上进一步深入学习；也可以是学生家长根据自身经历与其他家长进行的经验交流。

3. 上公开课

使家长了解新的课程内容及老师的教学方法，避免因家长的不理解而造成对教学的质疑和误会。

4. 家长会

这是家庭与学校互动的一种最普遍也是最传统的形式，一般一个学年举行一到两次。如果不是小学毕业、中学毕业或者高中毕业这样学业即将结束的年级，一般就只在开学时有一次家长会；如果是学业结束，一般会在开学时和学期结束时各开一次家长会。先是全校开家长会，然后家长到各自班级开会。全校开会由校长主持，主要谈新学期学校的新计划，对毕业年级讲解注意事项。班级家长会就比较具体了：班级会举行什么活动，介绍各学科任课教师，明确需要家长注意的问题及需要家长帮助的事宜等。

（三）群体活动的形式

利用教师、家长和学生的共同活动联系感情、加深理解以达到合作共赢，更有效地促进学生在德育、智育、体育等各方面的发展。这样的活动方式多种多样：

共同装饰校园和教室，对校园进行园林绿化和园艺设计；

举办主题市场，销售孩子和家长亲手制作的食品和手工艺品；

举办摄影、绘画等专题展览；

举办各类比赛："家庭博学""爸爸、妈妈、我——我们是运动家庭""音乐家庭"等；

共同庆祝节日：三八妇女节、男人节、新年、毕业典礼等；

共同参加星期六义务劳动日活动；

学校开放日：这一天，学校邀请所有家长参观学校，提供完整信息，解答家长的各种问题。

三、家长委员会

说到俄罗斯的家校合作，不能不重点说一下学校的家长委员会，因为家校合作的重担大多压在班主任的肩上，而班主任在很多事情的处理和解决上是依靠家长委员会的。如果班主任组织和建立好一个热情、负责任的家长委员会，那么家校合作就成功了一大半。

俄罗斯阿尔汉格尔斯克州的科特拉斯城有一所铁路学校，学校里有一位经验丰富的班主任就摸索出了依托家长委员会进行家校合作的有效方法。她把家长委员会分成了几个专职委员会，对班级的建设和学生们的成长起了极大的推动作用。

体育健康委员会：每年秋冬季组织孩子们滑雪、滑冰和玩雪橇等活动，春夏季举办行军和攀登网等活动，还组建了自己的足球队并参加各种比赛等。

大众文化委员会：组织学生们去剧院、电影院感受体验，参观展览，听音乐会，观看马戏表演等；为学生排练节日演出或者参加歌舞比赛提供帮助，制作演出服装等，还负责把活动图片及制作的活动视频上传到社交网站。

教学和教育委员会：家长利用自身资源，组织学生去铁路企业及单位参观学习，了解铁路的运行知识；也举办"我的家庭和铁路""人类起源论""互联网病毒""垃圾在哪里消失"等小型专题研讨会。家长还会在学校的网站上发表相关文章进行总结交流。

生产和经济委员会：家长和孩子们一起上大师班，学习制作各种手工艺品，例如：用天然材料制作天使形状的贺卡、复活节纪念品；老人节时为祖父母制作花束糖果；教师节时为教师制作礼物等。孩子们和他们的父母一起制作各种各样的手工艺品，有的还参加了学校和市政府的比赛并获奖。

通过家长委员会，学校与家庭之间形成了有效的互动，促进了家校合作的和谐发展。只有当教育过程中的所有参与者——教师、学生、父母，成为一个统一、庞大和有凝聚力的团队时，才有可能获得教育的全面成功。

四、关于俄罗斯家校合作的一些统计数据

上面介绍了许多关于俄罗斯家校合作的方式方法和相关经验，事实上，这种合作由于学生们年龄的不同，其实施情况是有差异的。总的来说，就是低年级时家校合作进行得更多，更有趣一些，而随着年龄的增长，家校合作逐渐减少，最后甚至就没有了。或许是因为在上学之初，家长和老师需要花大精力帮助孩子成长，当他们慢慢长大、成熟，有了自己的观点、个性及选择时，就不需要家长和老师在他们的道德教育及个性成长上花费更多的时间和精力了。

（一）有关家校互动的统计数据

有一些数据可以说明这个问题，让我们来看看。根据教育界资深人士的说法，从8年级开始，学校和家长的联系开始变得薄弱，甚至完全停止，无论是在特大城市、州还是一般的地区城市都一样。据校长及专家估计，小学初期阶段，88%的学校与家长的互动富有成效，对学生的教育产生了积极的影响。而在统计5～8年级的数据时，情况就发生了很大的变化：各地有40%的学校5～8年级的家长与学校的互动卓有成效，但有52%的学校5～8年级的互动就只是形式上的，其教育效果已经微乎其微。

至于9～11年级，情况变化就更大了：尽管有55.6%的家庭在接受调查时表示在培育子女方面需要学校提供援助（其中双亲家庭占58.7%，单亲家庭占41.3%），但实际情况是，只有30%的学校进行了有成效的互动，40%的学校只是走走形式而已，而其余30%的学校互动率降到了最小值。

（二）什么样的家庭更需要互动

什么样的家庭特别需要学校的帮助呢？据调查，那些母亲是企业家或企业的工人，以及服务部门的雇员的家庭，需要学校援助的比例特别高。

在父母都是企业工人的家庭中，有71.1%的家庭需要学校援助；如果父母其中一个是工人，而另一个是知识分子的家庭，需要学校帮助的占54.1%；如果父母都是知识分子的家庭，则需要学校协助的占52%。

从区域看，像莫斯科和圣彼得堡这样超大城市中的家庭，有52%的家庭需要学校在培育子女方面提供帮助，各州或共和国的中心城市需要帮助的家庭占58.4%，一般地区城市需要帮助的家庭占62.5%。

（三）家长对于家校合作的态度

关于家校合作，有43.1%的父母认为他们不需要学校在抚养孩子方面给予帮助。如果我们把这个群体视为100%的话，那么他们之中，有40.4%的家长认为他们自己完全有能力抚养自己的孩子；有22.5%的家长认为父母自己必须抚养孩子；有15.7%的家长相信学校没有权威。如此看来，有1/3的家长并没有寄希望于通过与学校进行建设性的互动以达到帮助孩子的意愿。

另外一组数据是通过对家长的多选问卷调查，显示了对孩子的教育产生影响的几个主要方面：认为父母本身对孩子的教育有着最基础的和重大影响的占77.1%；认为教育影响来自孩子的朋友们的占51.4%；认为教育影响来自电视的占36.7%，认为影响来自在校教师的占24.4%。这样的问卷结果，各区域都是一样的，没有地区差异。

另外，教师们还普遍认同家长们的这种观点：父母对教育孩子的影响居首位，学校居第二位。然而，这两种影响只在6年级（12岁）之前作用比较大，而12岁以后教育影响的主导权就转移到了他们的朋友和电视上。教师们还认为书籍对于孩子们的教育影响并不是很大。

这就是目前的俄罗斯家校合作的现状。

第四节 俄罗斯中小学的爱国主义教育

苏联解体以后,俄罗斯的社会形态发生了变化,政治、经济局势不稳定,曾一度给大多数人的公众意识、社会道德面貌造成了极大的负面影响。俄罗斯文化、艺术和教育,这些形成人们爱国主义情怀的最重要因素大大降低了曾经起过的作用。爱国主义在一些地方开始沦为民族主义,在更多方面失去了对国际主义含义的真正理解。冷漠、利己主义、个人主义、玩世不恭、无动机的侵略性以及对国家和社会制度的不尊重在公众意识中普遍存在。军队和公共服务的声望逐渐下降。具体在孩子身上,就是爱国主义情结开始萎缩,这表现在他们更倾向于选择外国封面的笔记本,表现在对西方音乐和电影的崇拜以及吹口哨和惊呼时模仿美国青少年的样子。

重视爱国主义教育成了现代俄罗斯亟待解决的问题。青少年是国家的未来,他们对于国家的态度和他们将成为什么样的公民,对国家未来的发展趋势起着非常关键的作用。俄罗斯总统普京强调,青少年爱国主义教育是国家政策的优先事项之一,与国家安全和经济发展处于同等重要的战略位置。

一、什么是爱国主义

俄国著名作家和历史学家 H. M. 卡拉姆金在谈到爱国主义时，阐述了其组成部分的三个要素：第一，人天生的物质概念上的对祖国的热爱，也就是对自己出生和成长的地方的爱；第二，公民的爱，这种爱使人理解了人与社会综合体的权利、自由和义务的社会关系；第三，政治爱情，即一个人在他的活动中支持和实施祖国的政治理想。爱国主义是一种道德和政治原则，这意味着一个人对祖国的热爱，并愿意将国家利益置于个人利益之上。爱国主义表现为对其国家的成就感到自豪，保持其文化特征的愿望，以及保护祖国利益和人民利益的愿望。具体来讲，俄罗斯爱国主义的概念包括：

对于出生和长大的地方依恋的感情；

对于本民族语言尊重的态度；

对于祖国利益的关心；

对于祖国负有责任的意识，维护祖国的荣誉和尊严、自由和独立，保卫祖国；

体现公民的责任感及保持对祖国的忠诚；

为国家的社会和文化成就感到自豪；

为自己的祖国、为国家的象征及为自己的人民感到自豪；

尊重祖国的历史、人民、风俗和传统；

对祖国和人民的命运及他们的未来负责，努力工作的愿望，以及捍卫祖国权力和繁荣的能力；

仁道，仁慈，普世价值。

二、怎样进行爱国主义教育

爱国主义教育的基础就是感情教育。一个孩子生活中最初的爱就是爱父母、爱家人，维护家人和家庭的尊严，并为他们的成就感到骄傲和自豪；慢慢长大了，这种感情开始涉及身边的朋友，以及班级和团队。有了这种感情的基础，再将它扩展到国家、民族，那么当孩子成长为一名合格的公民时，他自然就是爱国的。

学校爱国主义教育的目的，就是使学生形成并发展高度的社会积极性、公民责任和个体灵性，拥有积极的价值观和优秀的个性品质，而且能够在祖国的建设创造过程中展现自己的能力。爱国主义教育就是世世代代保存历史的记忆，了解国家的传统和文化，纪念逝去的人民英雄，培养学生优秀的爱国品质。

（一）俄罗斯爱国主义教育的途径

1. 从培养精神和道德准则的角度入手

从具体事情做起，使学生形成稳定的道德价值观，具有如善良、诚实、集体主义、遵守行为准则、尊重老人、勇气、爱祖国、爱人民等精神品质。

培养学生对家庭、父母，以及家庭传统的尊重。

促使学生形成为祖国利益而服务的社会积极性。

培养学生对工作的积极态度——工作是人生必要的生存手段，同时也是获得人生成功的主要方式。

培养学生对生活、对自身健康的积极态度。

2. 从传授历史文化、地理知识的角度入手

加深学生对于自己家乡及家乡亲人的热爱，学习地方志，了解家乡的历史、人文、乡俗及民风。

带领学生参与维护文物古迹、军事及历史事件发生地的工作。

了解文学巨匠的生平，阅读他们的巨著，形成民族自豪感和民族认同感，同时拥有与其他文化、语言和宗教的民族共同生活的能力。

学习地理，了解祖国幅员辽阔的国土和丰富的资源。

3. 从了解公民权利和义务的角度入手

帮助学生学习和了解俄罗斯的国家体制，宪法、国歌的含义及国家标志的象征意义，以及俄罗斯公民的权利和义务。

使学生形成对公民责任、对俄罗斯国家利益的价值及主权，独立和完整的深刻理解。

使学生建立法律概念和遵守法律的愿望。

提高学生自律和自我管理的能力。

4. 从军事爱国的角度入手

研究俄罗斯的军事历史，了解卫国战争期间学校所在地区的人民以成为军人为荣耀，战斗和劳作的历史。

组织学生们与参加过卫国战争的退伍军人以及反恐行动、军事冲突的参与者会面，使学生们形成保卫祖国、捍卫祖国的坚定信念。

使学生了解俄罗斯武装部队的积极形象，做好履行军事义务职责的准备。

了解俄罗斯的航天史，使学生们为祖国先进的军事科学感到骄傲。

5. 从体育盛事及荣誉的角度入手

俄罗斯在各类体育盛会上都是佼佼者，俄罗斯人为此感到自豪和骄傲。因此，通过讲解历代奖杯获得者的经历并组织学生们与他们面对面交流，使学生们形成强烈的民族自尊心和自豪感，同时期待着自己也可以成为这些英雄中的一员，为国争光。

（二）爱国主义教育的具体方式

通过各种途径，对学生进行爱国主义教育，其方式也是多种多样的：参观各种博物馆，游览著名景点，维护纪念碑，与著名人士会面；进行各种主题的活动和竞赛，包括爱国歌曲比赛、征文比赛、绘画比赛等；开主题研讨会，观赏电影之后进行讨论等。

在俄罗斯，每年的5月9日胜利节都是非常隆重的，全国各地都以各种形式纪念反法西斯战争的胜利。节日到来之前，经常可以看到年轻人在市中心的街道上、地铁口发放橘黄色和黑色条纹相间的乔治带，它是胜利的标志。学校里的孩子们也互相赠送乔治带。胜利节时，莫斯科市的主要中心街道，人们各自举着在战争中失去的家人的大幅照片，排成浩浩荡荡的队伍游行，以缅怀为祖国献出生命的先烈，普京总统2018年也参加了这样的游行。游行队伍有个响亮的名字，叫"不朽的军团"。每当这时，全民的爱国热情就极为高涨。人们感谢祖辈用热血和生命换来的和平生活，寄托哀思；人们谨记不能让战争历史重演。

我们学校每年也组织"不朽的军团"的小型游行活动。虽然游行队伍没有市中心、红场的队伍那么壮观，但学生们同样能够学到、了解到和意识到不少东西。在俄罗斯，没有人不知道卫国战争，没有人不知道胜利节。用节日的方式纪念历史、珍惜和平、反对战争，这是一种非常直观的爱国主义教育方式。

俄罗斯孩子们的爱国情怀，就是这样在日常生活和纪念活动中潜移默化地慢慢积蓄起来的，他们的爱国不是仅仅停留在口头上，而是蕴含在血液之中。

第五节 俄罗斯中小学的社会实践活动

现代的俄罗斯，教育是确保其作为文明社会国家发展的因素之一。为使被教育者获得全面发展，现代教育科学和实践特别注重教育中的社会伙伴关系。教育领域中的社会伙伴关系这个理念，能够有效促进学校在社会中实现教学和教育的工作机制。在教育共同体的空间中，正在形成和发展着一种新的合作技术，它反映了社会群体的需要，体现了新的教育形式和方法，这就是学校的社会实践活动。

学校教育领域的社会伙伴关系，旨在为学生形成积极的公民立场创造条件，使其具备改变社会和支持具有重大社会意义的创新能力。这首先意味着将年轻人纳入真正的社会关系，使之在社会互动过程中实现自我；其次，在课堂教学和校外活动中，使学生们占有学校和社会环境中创造性开端的主导地位。

一、关于俄罗斯中小学的社会实践

（一）什么是社会实践

社会实践是针对学生的一种教育活动，目的在于发展其社会能力、社会技能，形成和修正其社会行为的个性模式，获得社会活动

（互动）的经验，理解和消化在课堂上学到的理论知识。社会实践使学生获得更完整的信息，包括他们的自我发展、自我完善、自我裁决，以及在个性、专业和社会等方面的发展；社会实践同样是对于未来专业或其他活动方位的判定，激发学生们对于社会、创新、教育和科学的研究活力，使学生们有意识地选择适合个人的教育轨迹，形成独特的行为准则，如"责任""决定""选择""理解"等，并在社会互动中获得各种交际文化的实用技能。

（二）社会实践的特性

社会实践具有以下特性：群众性，传统性，标准化，可持续性，再现性，智能化，创造性，虚拟化，互动性。

（三）社会实践的目的和任务

在吸引学生参加具有社会意义活动的基础上形成他们的社会能力。

在实施各种社会互动中获得交际文化的实用技能。

了解发生在现代俄罗斯社会中各社会进程的具体条件和内容。

获得形成个人行为方式的技能，以及将理论知识应用于实际操作的能力。

（四）社会实践的形式

被动社会实践：在课堂上从书本里学习社会实践知识，与社会机构代表会面，评估活动，角色扮演游戏，圆桌会议，辩论等。

主动社会实践：做志愿者，参与援助性工作，参与社会的研究项目，参与学校管理工作，协助博物馆、图书馆工作等。

变革性社会实践：帮助未受社会保护群体，参与对社会有益的事务，参加义务劳动，巡演音乐会，群众文化活动等。

专业实践：参加特定类型的职业社会实践活动，有意识地、明智地选择职业。

二、俄罗斯中小学社会实践实例

（一）我所在学校的社会实践活动

我工作的学校全名是察里津诺教育中心548学校。在俄罗斯，如果学校名称前边加有"中心"字样，就说明这所学校是一个综合体，不单纯是一般概念的学校了。比如，我们学校有幼儿园、小学、中学、高中、工程师学校和基地，各有各的地址，互相都离得不太远，但都不在一起。我们学校的社会实践活动形式很多，因为每个学校都有自己的活动项目，但每个活动项目一般时间都不会太长。

从外语方面讲，每年春节前后，548学校的中文学校都会有一个"中国周"。这一周的活动内容相当丰富，都与中国文化有关，有书法比赛、武术比赛、中国画比赛、诗朗诵比赛、歌舞比赛等。每个年级先各自进行比赛，优胜者参加最后的获奖者音乐会。我曾经作为莫斯科华星艺术团的首任团长带领莫斯科华星艺术团参加过一次548学校的"欢度元宵节"音乐会，也就是当年的优胜者获奖音乐会。在548学校庆祝开设中文课程十周年的音乐会上，我作为莫斯科华侨华人联合会主席带领华联会的部分成员，参加了庆祝活动并进行了演出。这样近距离地与中国人交往并一起参与活动，为孩子们提供了用汉语交流及感受中国文化的机会。

548学校还有类似的"英语周""德语周""法语周"。我家对面的邻居是我们学校的英语老师，她给我看过她组织的一次"英语周"活动的视频：现场直播她的学生与美国一所学校的学生进行英语互动，各自介绍和表演与本国文化相关的节目，非常有意思。

每年俄罗斯东正教的谢肉节，中学部都举办集市活动。学生们在校园里搭起集市，叫卖自制的甜食、工艺品，然后把卖得的钱全数上缴给老师，由学校捐给孤儿院。在义卖过程中，孩子们学会了自己动手，学会了经营，增强了爱心，同时对民族传统节日也有了更多的了解。

我们学校每年都在一个固定的日子收集学生们不再穿用的服装、物品，然后捐赠给孤儿院。美术学校的学生还前往孤儿院做志愿服务，陪伴那里的孩子一起画画儿。

每年春天，俄罗斯各地都有"星期六劳动日"，主要是清理垃圾、美化环境。我们学校的老师、学生每年都参加地区的这一活动，先是整洁校区，然后是到学校附近区域帮忙。

高年级的学生给低年级的学生上课，也是一项非常好的社会实践活动。比如9年级的学生给7年级的学生上课；已经学了两年中文的6年级学生给有可能选择中文学校的4年级小学生上课，讲自己学习中文的感受等。在上课之前，学生们要做好充分准备：讲什么、怎么讲、讲课顺序等。高年级学生在讲课的过程中体会到了老师的辛苦，也能明了自己对所学知识掌握的情况。

（二）"2100学校"的小学生社会实践

1. 什么叫"2100学校"

在新的条件下，教育的意义不仅仅是"掌握人类发展以来的全部知识"，而是人类面对世界的态度，认清自己在世界中的独特角色并找准自己的位置，拥有自我决定、自我实现、独立做出决策并实施以及对自身行为进行分析的能力。

在俄罗斯，有个已经实践多年的教育系统，叫"2100学校"。这个教育系统也是经过俄罗斯联邦科教部批准的，从2016年开始，全俄几乎每个地区、市都有一所"2100学校"。学校的特点主要表现在其教学方法上，它不像一般学校那样，老师教授，学生接收，老师怎么说，学生就怎么做；而是采用数名教育专家编辑的以诱导式教学法为主的教材，启发学生自己从教材中去认知和操作并从中得到必要的知识。

教育系统"2100学校"是一个整体，保持教育的概念和结构的完整性，但又不断发展变化着。名称中的"学校"一词应该理解为一个教育和自我教育的连续过程，它伴随着一个人的一生——从了解世界的第一步到生命的终结，因为现代生活需要一个人不断地完善自我，对自己进行教育提升。数字"2100"对于教育系统的创造者具有象征意义，其中"21"，即21世纪的意思，而并排的两个"0"，即意为数学符号的无穷大或者无限，象征俄罗斯教育的不断发展和进步。

2. 莫斯科州"2100学校"针对小学生的社会实践课程

小学生年龄还小，他们的社会实践很难在真实的社会里完成，所以学校采用虚拟的方式在课堂上完成。

课程的主题是"交往"。这是一个很现实的问题，因为怎样与人交往，代表着一个人在社会环境中的生活能力。善于与人交往，你一定是个成功的人；反之，结果就很难说了。关于交往这个主题，该校设置了许多专题课程，我们从中选出两个来探讨小学生是怎样参加社会实践的。

礼仪演讲：语言是一个人每天与其他人交流的工具，社会实践课程的目的是教授学生们有效的沟通方式。课程的设计是立体的，即从1年级到4年级有同样专题的课程，但因为年纪不同而内容有所不同。

1年级：礼貌地说话。什么叫作礼貌？

2年级：礼貌的语气。说出关于礼貌的词语。

3年级：怎样表示赞同、夸奖、邀请和祝贺？

4年级：如何表达同意以及在争议时有礼貌地说出反对意见？

怎样处理冲突：这是针对4年级学生编写的课程。首先，老师提出问题，"冲突"是什么？用成年人的话讲，冲突是利益、观点相对，意见严重分歧和争议。用孩子能理解的话讲就是，冲突是一个小小的争吵，可能发生在教室、街道、商店或者公共汽车上。其次，在学生们对冲突有了初步的认识后，老师在黑板上写下了这样几个词，让他们给予解释：合作、妥协、逃避、谦让、对抗。最后，学生们查字典，找出了这5个词的释义。

接下来，老师询问学生是否真正理解了这些词的含义。为了让学生们明确这些词的内涵，老师采取了两种措施：第一，品读若干人们熟知的俄罗斯俗语，让学生们说明哪个俗语与某个词的意思相符。第二，给学生们列举生活中可能发生的小冲突，让他们选择5个词中合适的词来解决冲突，或者说明故事中人们对于事情的态度和处理方法。比如有一个情景：萨沙有一辆新自行车，平时和他一起玩儿的小伙伴儿都想先骑上去玩玩儿，大家互不相让，差点儿打起来。怎么办？怎么做才可以解决冲突并且让大家都心服口服，心满意足？学生们给出的答案是谦让、合作，按顺序来。

这之后，老师进一步让学生们将自己生活中的事情编成情景剧，找到合理的解决方式，并在课堂上表演，孩子们在编剧和表演过程中把课堂上所学的知识、理念运用到了社会实践中，在现实社会里，他们应该也会有合适的处理方式，这就是学以致用。

（三）"新年来到每个人的身边"——中学生的社会实践

俄罗斯萨马拉州有一所学校，学生们每年用于社会实践的时间为68个小时，利用的都是课外时间。在进行社会实践期间，老师和学生们都记日记，然后每年学期末在全校大会上宣讲他们参与社会实践的结果和收获。社会实践有助于学生真正地体验社会，进而成功地适应社会。

下面重点谈一下该校7年级学生的社会实践活动。活动的主题是"新年来到每个人的身边"。

这个主题源于老师注意到的一个社会问题：新年前夕，住进医院的一些儿童和城市中的残疾儿童感到特别孤独。导致这一现象的原因是各种各样的：与亲人和朋友沟通的可能性小；一般人很难想象也不知道如何与残疾人沟通；人们认为病人和残疾人不同于常人，应该以某种方式区别对待；即使有些人乐于做好事，但大家都在为节日而忙碌，首先考虑的是要照顾好自己和家人，所以会把做好事的义务推迟到以后。新年无论对于哪个国家、何种宗教的人都是一个最受欢迎、最耀眼的节日，人们在节日中享受着欢乐、爱和幸福，心存期待。难道生病的孩子和残疾儿童就不能和同龄人一样去享受这份节日的快乐吗？因此，老师做出了决定，做一个主题为"新年来到每个人的身边"的社会实践活动，目的是让医院中的儿童和残疾儿童同样能够感受和体验一年中最愉快和最浪漫的节日，使学生们懂得如何与残疾儿童更好地交流。而活动的价值就在于让学生们从社会实践中学会怜悯、同情，懂得公民责任，理解爱和幸福的含义。

老师事先设计好主题活动的各个方面：

1. 主题活动的内容

组织圣诞老人和雪姑娘与住在医院的孩子及残疾儿童一起迎接新年并赠送礼物，和他们一起玩游戏；指导学生们掌握与有特殊需要的人打交道时的礼仪规则；在节日前夕，与住院的儿童和残疾儿童沟通交流，为他们带来友谊的温暖和节日的温馨。

2. 主题活动的结果

学生们不那么排斥与残疾人进行交流。

形成一个为病童和残疾儿童组织新年活动的传统项目。

使病童和残疾儿童不再那么孤独，让学生们有机会给予爱并且变得更加善良。

3. 主题活动的具体准备事项

与学生一起学习：熟练掌握活动注意事项及相应程序。

与学校管理部门合作：商谈活动场地、服装、礼品等事宜。

与城市残疾人协会合作：了解残疾儿童数量及联系方式。

与市杜马官员会面：请求他们作为购买礼物和糖果的赞助方。

与医院负责人合作：了解患病儿童及其父母的需求和期望，商定活动的确切时间。

主题活动的设计还要考虑到很多方面，比如所需资金和物资、风险预估以及如何把风险控制到最小等。

从设计到准备到实施，再到最后成功地完成以"新年来到每个人的身边"为主题的社会实践活动，7年级的老师和学生们一共用了两个月的时间。现在，该校每年都进行这样的社会实践活动。不仅如此，他们还和残疾协会的残疾人以及退伍军人之家的老人们成为了朋友，不仅和他们一起过节，还和他们一起过生日。孩子们在社会实践中变得更有爱心、更和善，这段经历不仅极其难忘，而且所获得的宝贵社交技能更足以让孩子们终生受益。

（四）办报纸——高中生的社会实践活动

俄罗斯布里亚斯克地区的一所学校认为，让学生参与社会实践就是让他们真正地走入社会生活，经历在现实生活中作为一个普通人的生活，从而获得与人交往及工作的技能，也能更关爱他人，为成为一个优秀的公民做准备。这样的社会实践活动还有一个附加效果就是在参与社会实践的具体工作时，学生们会对自己未来的职业方向有所考虑，而一些学生可能就此认定了自己未来的专业。在10年级和11年级的学生中，该校开展了一个主题为"学校——自由选择空间的旅游区"的社会实践活动。

首先，学生们讨论了活动的目的和任务、形式和内容、可能遇到的问题及解决问题的可行性措施等。然后，对参与人员进行具体分工，确定各项事务的时间安排，制定"自我控制表"。活动的主要内容是办一份学校的报纸，为给报刊搜集资料，他们还计划举行对社会、学校有益的，与展示、锻炼学生才能相关的系列活动。一切都像在现实社会中一样，为了使社会实践活动顺利进行，他们正式签署了一系列实施社会实践的培训合同：老师代表学生与印刷厂签了合同；老师和参与活动的学生团体签了合同；当地报纸的主编作为专家也签署了合作协议《关于社会实践的专家意见》。

以"学校——自由选择空间的旅游区"为主题的社会实践活动一共进行了两个月。全程经历了准备项目—规划事宜—具体实施—研究并做出结论—介绍和宣讲所完成的工作—评估结果这样几个阶段。期间，学生们不仅仅是接受老师的指导，更多的是听取专业人员的意见；流程不是像平时在学校时按照老师规定的步骤那样一步步展开，而是在与他人的对话中，甚至是和代表企业利益的专业人员交往中随机进行；不仅与平时熟悉的同学合作，更多的是与项目中碰到的各种人合作。由于社会实践的主要特征是创造力、对话及合作，所以，参与不同类型的社会实践为学生们提供了更全面地发现自己与周围社会关系的可能。两个月的时间，学生们在不同的地点与不同的人群共同完成了以下社会实践活动：

在摄影沙龙制作编辑图片；

建立"虚拟之旅"网页；

在地区退伍军人之家举办以"为所有人说话"为主题的演讲课；

在地区报社创办报纸《学校星球》；

在地区电力公司举办以"节能就是效益"为主题的演示会；

利用多媒体与当地居民举行"老人日"庆祝活动；

和当地的退休老人乘坐公共汽车旅行。

第六节 世界最强的俄罗斯营地教育

我对俄罗斯营地教育的最初认知是从第一次送女儿去冬令营开始的。那是2008年的冬天,新年前夕,女儿刚满8岁,上2年级。为了让女儿更多地了解学校以外的世界,我动了送孩子去冬令营的念头。我在网上搜索半天,最后发现了一个离莫斯科市比较近、条件也比较好的私人营地机构。冬令营活动为期两周。

当时这个冬令营不允许孩子带手机去营地,家长只能通过与辅导老师通话和在营地网页上看每日活动的报道及照片了解孩子的情况。因为觉得孩子小,又是第一次离开家和父母,独自与陌生的老师和孩子们一起生活,一开始我有点儿担心,怕孩子适应不了。但随着对于营地活动的不断了解,看到孩子脸上的笑容,担心渐渐地消失了。之后又送孩子去过几次那个营地机构,不过基本上是夏天暑假时根据女儿的兴趣参加不同主题的夏令营。比如音乐夏令营、运动夏令营等。女儿还在那里结交了一些其他学校的与她兴趣相投的朋友,开学后有时还会一起聚聚,结下了难忘的友谊。

真正认真地了解俄罗斯的营地教育是从认识俄罗斯国际少年中心

阿尔杰克基金会主席亚历山大开始的。他给我讲了许多关于俄罗斯国际少年儿童中心阿尔杰克的历史、教育方式及故事，带我去阿尔杰克营地进行实地考察。其间，我越多地了解俄罗斯的营地教育，就越深刻地意识到这是一个非常成熟的庞大的科学系统：一切以孩子为中心，通过各种途径和方式，让孩子们获取学校课程以外的更多知识和技能，开阔视野，锻炼体能，培养与人交往的能力和自主能力，发现自己的潜能并加以发展。在营地生活中，孩子们的身心得到了彻底的放松。

那么俄罗斯的营地教育到底是怎样的呢？

一、营地教育的法律保障

俄罗斯的营地教育是受到法律保护的。1998年7月俄罗斯联邦制定了第124号法律《关于俄罗斯联邦对儿童权利的基本保障》，并于2008年修改后正式实施。其中关于俄罗斯营地教育的部分包含了各种营地的种类、构成及其宗旨，具体的解释为，组织少年儿童进行季节性或全年娱乐和康体活动的营地机构——不论其组织法律形式和所有制形式如何，其主要宗旨都在于实施和保障儿童娱乐和健康的服务，包括国家直属的郊外少年儿童娱乐和健康营、少年儿童保健中心、基地及综合设施、少年儿童保健及教育中心、儿童娱乐和教育中心、体育及康健等专项培训营地、少年儿童疗养院和保健营地；包括由教育机构在假期期间（昼夜或者只是白天的）为学生组织的娱乐保健营地；包括由社会服务机构、疗养院及社会团体（协会）以及其他组织建立的各种类型营地；还包括少年儿童劳动和娱乐营地、帐篷露宿营地和专业培训营地，以及各种主题营地，比如军事体育营地、旅游营地、环境和生物营地、创意营地、历史和爱国营地、技术营地、地方志营地和其他营地等。

二、俄罗斯营地教育的起源和历史

世界上最早的夏令营开始于1876年的瑞士。当时建立营地的目的是让孩子们回归大自然，集娱乐与教育为一体，使孩子们的身心得到健康发展。世界上第一个官方的营地组织于1907年诞生于英国。是为了改进部队应征者的训练模式而建立的。次年还因此出了一本叫《童子军》的书，使当时的英国有了更多的夏令营。

1909年，这本书被译成了俄文，俄罗斯于是开始了最初的夏令营活动。1909年4月30日，在离圣彼得堡不远的巴普洛夫公园燃起了童子军夏令营的篝火，这应该是俄罗斯最早的夏令营了。1919年苏联革命后取消了童子军，但1922年成立了具有革命性质的"列宁全联盟先锋组织"，实际上就是那个时期的夏令营。

1925年6月16日，俄罗斯（1922年至1991年为苏联时期，苏联解体后，其法定继承国为俄罗斯）历史上最悠久的夏令营正式开营，这就是今天的阿尔杰克国际少年儿童中心。如今，阿尔杰克国际少年儿童中心是俄罗斯规模最大，综合运营，体系科学严谨，设施也很完善的少年儿童营地。

三、俄罗斯营地的类型

1. 从营地组织者来讲

俄罗斯营地机构分三种类型：第一种即由国家投资，是俄罗斯联邦科学教育部的直属营地。它们分别是：阿尔杰克国际少年儿童中心、小鹰全俄少年儿童中心、海洋全俄少年儿童中心和接班人全俄少年儿童中心。

第二种即学校或者学院利用自身条件，在假期办的营地。

第三种是由社会服务机构、社会团体和疗养院办的营地。

2. 从营地活动内容来讲

俄罗斯的营地可以说是五花八门，应有尽有。一种是全方位的综合活动内容，包含娱乐、健身、歌舞、艺术、手工艺、教育、科技等内容。

再就是专项的：外语营地、艺术营地、军事营地、音乐营地、体育营地、生态环境营地、专业技能营地等。

3. 从营地活动时间来讲

第一种是全年活动的，每期21天，也有少数主题营活动，每期14天或者18天。

第二种是季节性活动的，只在夏季，有时也会有冬季的。这样的营地每期时间不固定，一般是7～21天不等。

第三种即节假日期间的，可能只是白天来，晚上走；也可能是可以住几天，根据家长和学员的愿望及所进行的活动内容而定。

四、俄罗斯国家科教部直属四大少年儿童活动中心

俄罗斯有四大旗舰营地，它们的唯一创办人或者说股东是俄罗斯联邦科学教育部，每年国家都有财政拨款支持这些营地的建设和完善。它们有这样几个共同特点：

历史悠久。最长的要数阿尔杰克国际少年儿童中心，从1925年至今，已经建营95年了。建营时间最短的接班人全俄少年儿童中心也有35年了。

规模大。这四个营地的占地面积都非常大，其中最大的阿尔杰克国际少年儿童中心拥有7千米的海岸线。每年参加活动的营员数量也非常多，据统计，仅2016年一年阿尔杰克国际少年儿童中心就接待了来自世界各地的3.1万名少年儿童。

地域好。这四个营地都建在海边，有山有水有森林，风景美丽，空气质量相当好。

设施完善。因为每年都有国家财政支持，随着时代的变化，各营地都在不断地修建、扩大和完善营地内的各项设施，无论是生活还是教育、娱乐等方面都与时俱进。

活动内容多样化。每个营地都有属于自己的特色，但总体来讲四个营地的活动内容都是综合性的，孩子们可以在营地中尝试和体验各种活动，也可以选择自己喜欢的项目。

时间长。四个营地都是全年开放的。每期主题营地活动都是21天（也有少数冬天的主题营地活动少于21天）。据专家研究证明，21天是最合理的营地活动时间，孩子们可以真正学到和体会到一些东西并且得到充分的休息，21天不多也不少。

餐饮丰富科学而且新鲜。每日5餐，自助，菜单变换频繁，主要是时令新鲜的蔬菜和水果。最真实的例子就是据2017年我们公司组团参加阿尔杰克夏令营的孩子们叙述，因为他们那个主题营有来自35个国家的孩子，所以，他们每天可以品尝到不同国家的风味美食，21天活动时间结束了还有几个国家的美食没有品尝到！

国家投资进行营地建设和营地教育研究真是一件为国家造福的好事，只有让孩子们得到全面的发展，身心愉快，国家的未来才是最美好的。

下面我来对这四个旗舰营地做一个简单介绍。

1. 接班人全俄少年儿童中心

接班人全俄少年儿童中心创建于1985年，位于克拉斯诺达尔边疆区黑海沿岸的苏科山谷，此山谷所在的克拉斯诺达尔边疆区（克拉斯诺达尔地区是俄罗斯联邦的一级行政单位，位于俄罗斯联邦的西南部。它是南部联邦区的一部分，首府为克拉斯诺达尔）是黑海岸边的一个村庄和海滨度假胜地，在行政上属于度假胜地阿纳帕市（俄罗斯南部的度假胜地，位于黑海沿岸的克拉斯诺达尔边疆区，距离度假胜地索契360千米）的农村地区。苏科村则因位于苏科山谷而得名，四面环山，离阿纳帕市12千米；在大乌特立诗生态保护区内，距离俄罗斯南方度假城市阿纳帕12千米；周围环绕着针叶林和孑遗珍稀的常绿森林，植被丰富，四面环山。

接班人全俄少年儿童中心由3个综合教育娱乐营地和1个体育营地组成，占地0.22平方千米。可以说它是个创新的教育平台，其活动内容涵盖了几乎所有与俄罗斯青少年最相关的主题：爱国、政治、经济、教育、实业、志愿者、生态环境、创新、机器人技术、体育、智能、文化、新闻、艺术、IT技术、交通等。

2. 海洋全俄少年儿童中心

海洋全俄少年儿童中心创建于1983年10月，目前有5个营地，还有一个正在建造的综合楼，可以同时接待营员2 000名左右，距离俄罗斯远东港口城市符拉迪沃斯托克（海参崴）20千米，位于艾玛湾（бухта Емар）日本海沿岸，可能是离中国最近的俄罗斯营地了。2018年9月12日国家主席习近平和俄罗斯总统普京在此会面，两国元首共同参观了反映当年中国地震灾区儿童在俄罗斯疗养情景的图片墙，并前往营地剧场出席了海洋全俄少年儿童中心接待汶川地震灾区儿童10周年纪念仪式。

3. 小鹰全俄少年儿童中心

小鹰全俄少年儿童中心创建于1960年，位于克拉斯诺达尔地区的黑海沿岸，坐落在风景如画的蓝色海湾，依山傍水，距离黑海东岸的港口城市图阿普谢45千米，是俄罗斯第二大营地。小鹰全俄少年儿童中心占地面积2.53平方千米，拥有3.7千米的海岸线。中心有9个主题营地和一个传统的军事生活方式的帐篷营地，其中4个营地可以全年接待孩子们。中心的1 500多名员工每年接待来自俄罗斯89个地区以及其他国家的约两万名儿童。

4. 阿尔杰克国际少年儿童中心（以下简称"阿尔杰克"）

这是世界营地之最，没有之一。无论其规模、占地面积、接待人数还是现代化设施都是世界上最大最好的，也是我最钟爱的。2016年，我和同事在阿尔杰克基金会执行主席的陪同下亲自实地考察了阿尔杰克；2017年，我们就组织了第一批中国少年儿童去营地参加"地球——我们的家园"主题营地活动。对于阿尔杰克来说，这是有史以来第一次有中国少年儿童参与的国际主题营活动，而我，在某种意义上也"创造了历史"。

我对阿尔杰克太熟悉了，也太偏爱了，我希望更多的中国少年儿童能够亲身体验那里令人终生难忘的营地生活！下面，我要隆重介绍一下这个孩子们的王国,这个童话一样的地方。

五、阿尔杰克国际少年儿童中心

1. 阿尔杰克带给你的冲击

阿尔杰克这个名字,在俄罗斯是路人皆知的,因为它曾经是苏联时期少年儿童最向往的去处,只有优秀的孩子们才可能被挑选上,去这个天堂一样的地方度假。

现在,时代变了,但对于俄罗斯的孩子们来说,去阿尔杰克仍然不是一件容易的事情,需要参加竞赛,获胜者才可能获得去阿尔杰克青少年营地的殊荣。

那么阿尔杰克在哪儿呢?它为什么是所有俄罗斯孩子的心之所向呢?

阿尔杰克位于克里米亚黑海岸边美丽的小城古鲁佐夫,距离历史名城雅尔塔仅12千米。占地2.18平方千米,其中1.02平方千米为公园,园内有500多种植物,拥有绵延7千米的儿童专用沙滩海岸线。

这里我要特别强调一下,克里米亚不仅是个风景美丽、阳光充足的地方,还是个民风淳朴、非常安详的地方。那里没有战争,克里米亚人民正在积极地投入家乡的建设,横跨俄罗斯南部和克里米亚半岛的克里米亚大桥已于2019年5月16日正式开通,普京总统亲自驾车参加通车仪式。

阿尔杰克创建于1925年,可谓历史悠久。它是俄罗斯联邦科教部的直属青少年营地,由国家直接拨款支持,全年开放。随着阿尔杰克的不断发展,它早已不仅仅接待俄罗斯少年儿童,而是吸引着全世界的青少年儿童。截至2016年,阿尔杰克国际少年中心已经接待了来自全球50多个国家的150万儿童。其历史之悠久,设施之现代化,营地整体规模之大,活动内容包容之广,加之风景环境的优美和生活条件的优越,都足以让人称之为"青少年儿童的王国"。

坦诚地说,第一次受邀去阿尔杰克考察,我惊呆了。我不敢相信它只是个少年儿童营地，因为看上去它就是个旅游、疗养胜地。听了关于各种活动的介绍，我觉得只能用"超值享受"这几个字来形容在阿尔杰克的营地生活。我恨不得把自己变回少年，也来体验一下这里的生活！

阿尔杰克每年举办12～15个主题营活动，包括自然科学研究与创新、语言文学、艺术创作、地质地理、国际文化交流、青少年自治、信息技术等内容。每个主题营为期21天。

许多中国家长都觉得21天时间太长了，但俄罗斯的教育专家认为，21天才可以完成一个完整的认知、体会和享受的过程。否则，如盲人摸象，孩子们只能获取部分的印象和感觉。

还有些家长认为，如果参加营地活动不能给学习加分，就没有太大意义。但阿尔杰克21天的生活，将给孩子们在生活这门课上加满分：除了可以获得各种能够证明能力的证书，更重要的是，它使孩子们开阔了胸怀，提升了眼界，获得了开启美好生活的钥匙。

中国的营地教育开展的时间比较短，基本上还属于摸着石头过河的阶段，所以中国的家长和孩子们可能都想象不到21天的营地生活将会是什么样子。但是我可以告诉家长们的是：如果您的孩子参加了阿尔杰克的主题营活动，21天后您会发现一个不一样的他！他会更友善、热情，思路更清晰、具体，考虑问题的角度更全面、更周到，这一切不仅可以给孩子们打开思路，帮助他们更好地学习，对于他们的未来生活也会产生极大的影响。更不必说孩子们的生活自理能力将得到迅速提升，更善于与人交往，并能和来自世界各地的朋友交流等。

今天的阿尔杰克是一个现代化的庞大的综合体系，注重安全和生态文明，具有舒适的居住环境；阿尔杰克同时也是教育革新的中心，可以为孩子们提供课内以及课外的最先进的科学技术设施。在阿尔杰克这个梦想的国度，每个孩子都能如愿地找到自己喜欢的项目，孩子们不仅可以凭爱好完成他想做的事情，还可以尝试很多新鲜事物。在阿尔杰克营地的21天生活必将成为孩子们终生难忘的记忆。

我的一个俄罗斯女友小时候曾经参加过阿尔杰克营地的活动，至今说起阿尔杰克，她的脸上还带着甜蜜和满足的表情，还有些许骄傲，并且希望自己的孩子也能有机会去阿尔杰克。

作为第一个把中国孩子带到阿尔杰克的"欧亚教育文化中心"的负责人，我感到非常的荣幸和骄傲。2017年，在阿尔杰克的开营仪式上，终于出现了中国孩子的笑脸；第一次，在营地的升旗仪式上，阿尔杰克升起了中国国旗！我们的孩子也被邀请作为营员代表上台讲话。那一刻，真是让我和孩子们激动！随着开营仪式活动的逐渐展开，原本腼腆、有点儿胆怯，由于语言、国度不同而默默坐着的中国孩子们，也慢慢地开始与全场的孩子们一起欢呼、互动，到了最后，他们也终于融入了所有孩子的跳舞大狂欢中。从第一天的不适应，到第21天的难分难舍，孩子们经历了怎样的心路历程，只有他们自己最清楚！

2. 孩子们如是说

下面摘录几段去过阿尔杰克的孩子们写的美文：

歆锐 女 12岁 5年级

一路奔波后，我们终于到达了目的地：阿尔杰克营地。

这是我的宿舍，宽敞明亮，和想象中的不一样，和国内见过的宿舍也很不一样。

第一天晚上的狂欢虽然很累，但也真实感受到了俄罗斯人热情奔放的性格。

参观完海洋馆后，我们得以一睹黑海舰队的面容。黑海舰队是俄罗斯的著名海军舰队，是俄罗斯四大海军舰队之一。这是我第一次近距离看到军舰，心情有些小激动呢！

晚上，和其他营地的同学一起观看演出。有种参加演唱会的感觉，超赞。

早上4点起床爬山，虽然很累，但是美丽的日出让我们忘却了劳累。在山顶可以眺望黑海和阿尔杰克营地。这次爬山我明白了只有付出比别人多的努力，才能得到比别人多的收获。

在阿尔杰克的文化节上，我们为其他国家的朋友们展示了中国的民族文化。同时也了解了其他国家的风土人情。

在阿尔杰克最后一晚的狂欢，想起这20天与各国小朋友的相伴，不禁有些伤感，我们都禁不住哭了。舍不得这里的一花一草，舍不得老师对我们的关怀，舍不得和俄罗斯朋友们一起度过的这么多天……

阿尔杰克营地来自中国的孩子们

逸韬 男 13岁 初一

7月12日，向往已久的俄罗斯远行终于开始了，所有人都表现出十分激动却略有些紧张的心情，因为，虽然我们终于等到了这一天，但到了营地的自理生活能力才是真正的考验。

开始的第一天晚上，就是我们营地狂欢的日子。尽管大家时差都没倒过来，还是跟着各国的孩子们一起跳舞，一起狂欢起来。刚刚彼此陌生的我们仿佛一瞬间就已成为熟悉的朋友，大家也都感受到各国儿童激情四射、热情似火的性格。不会跳舞的我们瞬间就发现了自己的潜力，在节奏的引导下释放出自己舞蹈的天性。

在黑海海洋馆里,看到了丰富的海洋生物。

我们刚好赶上黑海舰队纪念二战胜利的军演,令人震撼。

这是阿尔杰克最大的演唱会现场,也让我们一睹了俄罗斯人在艺术方面的天赋,令我们赞叹不已,他们不分年龄的大小,有没有人领导,只要有音乐,他们就能跳起来,唱起来。

营地里还有各种各样的社团,我选择了地质社,社团的老师教我们如何去从一块完整的石头切割、打磨成自己喜欢的图形。当加工第一块石头时,我的内心充满了喜悦,尽管做得不是很完美,略有粗糙,但这是自己认认真真,花费了时间、精力做出来的,所以内心充满了自豪和成就感。

阿尔杰克国际文化节——为了这个文化节我们准备了好几天,大家都拿起自己最熟悉和拿手的乐器演奏一番,在各国营员面前展示了中国民乐的风采。

这是离别前的晚上,在阿尔杰克的晚会现场。虽然只有短短的21天,彼此只是从相识到相认还未到相知,但却给对方留下了永远都不会忘却的印象,这也是人生最难忘的21天!

宏珂 女 15岁 初三

追随着最后一缕晚霞,清风柔软地拂过脸庞。黑夜悄悄地吞噬了夕阳,月光像甜美的溪水一样缓缓流淌。带着满心的好奇与憧憬,一场梦幻的童话般的奇妙之旅在温柔的蓝月光下缓缓地拉开了帷幕。

一路上母亲的一遍又一遍叮嘱,不免让人多了几分不安。机场内15个人的第一次相遇,殊不知会是在异国他乡的20多天的陪伴。望着家长们远去的背影,第一次踏上了离开国土的旅行。

走进阿尔杰克的那一刻就像走进了一场美好的梦境一样,像是童话世界中的糖果屋,每一个孩子的梦想在这里都有实现的巨大可能。

这里的大海和天空,它们是湛蓝的,没有任何污染,云是洁白无瑕的,宛若一个有着素玉一般温润翅膀的天使,披着朦胧的纱衣。海水在阳光的照耀下像水晶一样闪烁着光芒，很是惊艳。吹着海风，躺在海岸上，伸出手摸一摸温柔的日光。海水有些微凉，石子热得发烫，身体的每一个角落都在沐浴着阳光。

这里的舞蹈，它是一种随性的自然的发自内心的真实舞动，在中国我不曾见过这样有意思的舞蹈。

参观海洋馆，我坐在轮船上，海风拂过脸庞，阳光下的海水波光粼粼。我努力摒除一切烦恼，静静享受这份美好。

童年时梦中的城堡，也不过就是这样了吧。每一个女生孩童时都有一个闪烁着的公主梦，踏进城堡的那一刻，让人梦幻得有些不敢相信。童话的世界真的很美好。

阿尔杰克本身就是一个大舞台，它不断地激发着我们的潜能，我们在这个舞台上向全世界展示着中华文化的独特韵味，并不断了解世界各国的文化。在如清风流水般优美的歌声中，不同国家的文化精髓共同构成了一幅美丽的风景画，满天繁星。那是文化碰撞出的火花。

作为四大古国之一的中国，有着上下五千年的文化底蕴，而中华文化更是中华民族的文化结晶。遗憾的是我们不能将它完全地展示在阿尔杰克这个国际的大舞台上，我们只能尽己所能将中华优秀文化传播给外国的友人。我们也在学习来自世界各地的优秀文化，体验着不同国家的风俗习惯。我认为我们不仅要有作为一个中国人的骄傲，还要具备一颗谦虚宽容的好学之心。科技的不断发展，加强了世界各国之间的联系，但不幸的是有些古老的中国传统文化正在慢慢流失，我希望我们可以传承它们并带到国外，与外国友人一起保护世界文化遗产。有些意外的是，外国人对中国的文化充满敬仰与赞美，中华，我为你骄傲！

书法是中华文化的重要组成部分，也是中华文化的瑰宝。我们这次将这一重要的文化元素带到了阿尔杰克，教外国友人学习中国的汉字。

伴着《喀秋莎》的歌声，仿佛旧时光历历在目，夜晚的星空很美。

远方的朋友，相隔千里，出生自不同的国家，有着不同颜色的头发、瞳孔，语言不通，虽然我们可能交流有些困难，但一个微笑，就足以让我不安的心灵平静。

时光荏苒，21天的童话生活，是我记忆长河中一颗璀璨的珍珠，必将让我经久难忘。那片星空，永藏在心。我总以为离别遥遥无期，殊不知所有的相遇都是为了分别。

文博 男 16岁 高一

三个星期二十一天

从憧憬，到开始的一声声抱怨，到最后的依依不舍

从细数还有几天才能回家到细数还有几个小时就要离开

从第一次听到一天五顿饭

从第一天被噪耳的歌声吵醒

从第一次被只会说"no time"的辅导老师赶上床睡觉

从第一次我们这些"外国人"被新奇的眼光注视

这里就将成为我们人生足迹中不可磨灭的印记

逐渐地我们习惯了这里的生活

每天期待着食堂的饭菜，猜测胖大妈会做出什么美味

每天被歌声吵醒，渐渐嘈杂的歌声变得动听起来

逐渐习惯辅导老师的大嗓音

一次次与不同国家的学生击掌

听着一声声不同韵味的"你好"

我们慢慢喜欢上了这里

我们感受到在中国无法感受到的快乐

语言不通，心却彼此相近

一路上，有愉快、有伤心、有生气

很多很多……

正是这些东西构成了我们这次的梦幻之旅

即将离开，结束这一段人生历程

内心有许多感慨、感伤和感受

人生有无数次的分别

但只有经历这些我们才会充实

忘记悲伤，看向美好的明天

再见了，阿尔杰克！

3. 深度了解阿尔杰克

许多国家领导人都曾经是阿尔杰克的尊贵客人，比如印度总理甘地、苏共中央委员会书记处总书记勃列日涅夫等。阿尔杰克第一个营火广场的第六排，以坐过许多名人而著称，讲解员至今说起来都津津乐道。俄罗斯总统普京更是阿尔杰克的常客，经常去营地看望孩子们。我们所熟知的第一个航天宇航员加加林，在少年时代就曾几次参加过阿尔杰克的营地活动。

如今的阿尔杰克，拥有9个不同的由海洋、森林和山峦环抱的营地，到2020年阿尔杰克将增至11个营地，预计接待4.5万名青少年。在重建和修建的过程中，阿尔杰克不断地完善现代化基础设施，创立更科学的教育体系。

阿尔杰克的每个营地都有属于自己的公寓，其设备齐全，舒适漂亮；带有护栏、更衣室、浴室及医务、救护人员的独立沙滩，以及拥有现代化音响灯光装备的营火广场。宽敞明亮、装潢讲究的食堂更是令人羡慕；一日五餐，饭菜新鲜美味、营养丰富，孩子们可以根据自己的喜好和食量任意选择。

阿尔杰克拥有自己的港口、船队、航海学校。阿尔杰克还为活泼、爱好运动的孩子们修建了体育宫，内含训练攀援、绳阵的7个健身和娱乐项目，9个设备齐全的运动场和球场，3个带滑梯的露天游泳池，2个海水游泳池，1个体操馆，1个网球场，还有1个健身房，体育宫内可以进行各种球类、搏击、体操及国际象棋等项目的练习和比赛。

阿尔杰克还建造了"宫殿广场",用于举办各种大型活动,还有能容纳7 000人的符合国际标准的中央体育场——以世界杯足球赛的场地规格修建的足球场、田径场。

关于出行,阿尔杰克拥有众多的大型客车,车内配有空调、多媒体设备,也有用于道路巡逻的车。不仅如此,阿尔杰克还拥有170个座位的游船,孩子们可以乘车去克里米亚各景点、博物馆等参观、游览;乘船去黑海南海岸游海。

阿尔杰克营地的服装,是由生产奥林匹克运动会运动员服装的现代品牌中心"博斯克"生产的,每个营地的服装都有不同的颜色和图案设计。在营地的21天里,孩子们只穿阿尔杰克的服装。

阿尔杰克营地内有可容纳1 224个学生的现代化装备学校,为上学期间入营的孩子们提供良好的学习环境,特别是化学、物理、生物和机器人课程,有设备齐全的实验室。同时,带孩子们去植物园学习生物,去理瓦斯基宫学习历史,去契科夫博物馆学习文学,这也是阿尔杰克学校的教学特色。

在阿尔杰克,有45个课外教育及创作工作室,其中21个艺术工作室,11个技术工作室,7个社会—教学工作室,6个自然科学工作室。除此之外,孩子们还可以自行选择参加各种专项小组——旅游、海洋、医疗、环保和媒体等的活动。用阿尔杰克总经理的话说,每天留给孩子们自己的时间可能也就15分钟。

阿尔杰克有500多名经过挑选和专业训练的辅导员,辅导员的年龄为19～25岁。290多名来自俄罗斯各地的经过比赛胜出的教师—专家队伍,教师的平均年龄为35岁。另外,阿尔杰克还有众多从事各种服务性质工作的人员。这里所有的工作人员支撑着阿尔杰克的顺利运转和不断发展。

4. 阿尔杰克各具特色的营地

海洋营:是阿尔杰克最早的营地。1925年6月16日第一次开营,当时只有80个孩子,住在小帐篷里。现在已拥有8栋公寓,每个主题营活动可接待550个孩子。每个房间内都有浴室、厕所、空调。楼内有集合、议事厅。

蓝天营：营地最早住房为历史建筑，建于1903年，1937年成为阿尔杰克的蓝天营地住所，2015年重建。早年的营地现在是阿尔杰克音乐会、戏剧及艺术创作展览的场地。2016年新建的蓝天营如宫殿一般，被称为"白色别墅"，是现代化课外教育的中心，阿尔杰克所有的40多个课外教育项目都在这里进行。航天博物馆和阿尔杰克历史博物馆也在蓝天营地内。每个主题营活动可容纳480个孩子。

松柏营：2016年7月重建后开始全年接待来自世界各地的孩子，每个主题营活动可接纳200个孩子。营地内有运动场、网球场及各种体育器材。松柏营的露天舞台是演员、歌手、舞者、器乐手、导演展示才能的大舞台。食堂舒适明亮，面向大海，临海只有20米，可供250人就餐。

山地营：由琥珀营和水晶营两个营地组成，全年接待来自世界各地的孩子们。营内有自己的专有食堂、古老的公园、网球场、攀援墙和绳阵园。

山地营食堂同时可容纳700个孩子就餐。孩子们可以通过食堂内的电子厨师了解当日菜单及制作方法。该食堂还经常办厨艺学习班，教孩子们学习做沙拉、薄饼、饺子及橄榄罐头等。

琥珀营：主题营活动可接纳336个孩子。营内有设备齐全的艺术课教室、电影厅、集合厅、电脑室及医务室。

水晶营：主题营活动可接纳336个孩子。水晶营以加加林的名字命名，因此传统节目之一是参观航天博物馆，了解航天知识及历史。

沿海营：由四个营地组成，分别是河流营、湖泊营、田野营和森林营。每个营地由5个2层楼组成，占地0.32平方千米，活动时间为每年的五月到十月。每个营地都有自己的运动场、网球场、海水游泳池。

田野营和森林营分别以各种花的名字命名每栋楼。每个营地可以同时接纳400个孩子。"圆"是田野营和森林营食堂的名字，可容纳900个孩子同时就餐。

河流营和湖泊营分别以俄罗斯地区名命名每栋楼。每个营地分别可接纳322个孩子。"小屋"是河流营和湖泊营食堂的名字，可容纳800个孩子同时就餐。

阿尔杰克国际青少年营地，让孩子们放飞理想，身心愉悦！孩子们在学习和游戏中发掘潜能，在与各国儿童的交往中展现热情，每个在阿尔杰克生活过的孩子在离开她的时候都信心满满，收获满满，在阿尔杰克的生活成了他们终生难忘的记忆，也是他们新生活的开始！

参考资料

第一章　俄罗斯的学生

第二节 俄罗斯学校的考试

1. 《莫斯科地区信息处理中心》

    《Региональный центр обработки информации города Москвы》

    http://rcoi.mcko.ru/rcoi/activities/

2. 《莫斯科教育质量中心》

    《Московский центр качества образования》

    https://mcko.ru/pages/information_about_educational_organization

3. 《俄罗斯教育体系的特色》

    《Отличительные особенности российской системы образования》

    https://edunews.ru/education-abroad/sistema-obrazovaniya/v-rossii.html

4. 《2018—2019学年的三个学季》

    《Триместры в школе в 2018-2019 учебном году》

    https://2019-god.com/trimestry-v-shkole-v-2018-2019-uchebnom-godu/

第三节 俄罗斯学校的作业

1. 《俄罗斯联邦教育法》（N273-ФЗ 2012年12月29日）

    《Федеральный закон "Об образовании в Российской Федерации" N 273-ФЗ от 29 декабря 2012 года》

2. 《教育机构条件和培训组织的卫生和流行病学要求》［俄罗斯联邦首席国家卫生医生的决议，2010年12月29日 N 189 "卫生（卫生和流行病学）规则" 2.42.2821-10］

3.《关于学生的作业》

《О домашних заданиях школьникам》

https://eduinspector.ru/2018/09/27/o-domashnih-zadaniyah-shkolnikam/

4.《教育机构适用的家庭作业定额标准》

《Допустимые нормативы выполнения домашних заданий для учащихся образовательных учреждений》

https://eduface.ru/consultation/ombudsmen/dopustimye_normativy_vypolneniya_domashnih_zadanij_dlya_uchawihsya_obrazovatelnyh_uchrezhdenij1

第四节 俄罗斯学生的奥林匹克竞赛

1.《全俄中小学生奥林匹克竞赛》

《Всероссийская олимпиада школьников》

http://edu.glavsprav.ru/spb/olymp/national/

2.《全俄中小学生奥林匹克竞赛2019-2020》

《Всероссийская олимпиада школьников 2019-2020》

https://www.kp.ru/putevoditel/obrazovanie/vserossijskaya-olimpiada-shkolnikov/

3.《全俄中小学生2018/2019年度奥林匹克中文竞赛规则》（对于组织者和评审团成员）

《Требования к проведению заключительного этапа всероссийской олимпиады школьников по Китайскому языку в 2018 / 2019 учебном году》（Для организаторов и членов жюри)

第二章 俄罗斯的教师

第一节 我在莫斯科教中文

1.《在俄罗斯学校学习汉语》

《Изучение Китайского языка в школах России》

http://www.socioprognoz.ru/files/File/2013/arefiev_china(1).pdf

2.《学习汉语的十大理由》

《10 причин выучить китайский язык》

https://www. hotcourses. ru / study-in-china / latest-news / 10-reasons-to-study – chinese/

第二节 俄罗斯的中小学教师读什么

1.《14本帮助老师的现代书籍》

《14 современных книг в помощь учителю》

https://pedsovet.org/beta/article/14-sovremennyh-knig-v-pomos-ucitelu

2.《老师们给老师们》和《老师们致父母们》

《Учителя – учителям》《Учителя – родителям》

http://best-teacher.vbudushee.ru/

3.《7本有助教师抗压和生存的书》

《7 полезных книг для учителя, которые помогут пережить все стрессы учебного года》

https://mel. fm / blog / yelena-nadeyeva / 94628-7-poleznykh-knig-dlya-uchite – lya-kotoryye-pomogut-perezhit-vse-stressy-uchebnogo-goda

4.《面谈时老师被经常问到的十个问题》

《Топ-10 Вопросов, которые задают учителям на собеседовании》

http://www.edutainme.ru/post/top-10-teacher/

5.《教师报》网页

《Учительская》

http://www.ug.ru/

第四节 俄罗斯的班主任

1.《俄罗斯联邦劳动法》

《Трудовой кодекс Российской Федерации》от 30.12.2001 N 197-ФЗ

203

2. 《俄罗斯联邦教育法》

 《Об Образовании в Российской Федерации》 от 29.12.2012 № 273-ФЗ

3. 《中小学班主任的职能、职责及工作系统》

 《Классный руководитель в школе: функции, обязанности, система работы》

 https://paidagogos. com / klassnyiy-rukovoditel-v-shkole-funktsii-obyazannos-ti-sistema-rabotyi.html

4. 《班主任的工作职责》

 《Должностные обязанности классного руководителя》

 http://unisonschool.ru/teachers/335-klassnij-rukovoditel.html

5. 《中小学班主任工作的特殊性》

 《Особенности деятельности классного руководителя в школе》

 https://eduface.ru / consultation / ombudsmen / osobennosti_deyatel_nosti_klassn-ogo_rukovoditelya_v_shkole

6. 《班主任的功能包括什么?》

 《Классный руководитель: что входит в его функции?》

 https://shkola-i-my. ru/% E2%80%9C / roditelskie-sobraniya / klassnyjj-ruko-voditel-chto-on-dolzhen-mozhet-i-ne-obyazan-delat-pamyatka-dlya-roditelejj

7. 《班主任在教育体系中的作用》

 《Роль классного руководителя в воспитательной системе》

 http://urok.1sept.ru/%D1%81%D1%82%D0%B0%D1%82%D1%8C%D0%B8/631405/

8. 《小学班主任的作用》

 《Роль классного руководителя в начальной школе》

 https://nsportal.ru/blog/nachalnaya-shkola/all/2011/09/25/rol-klassnogo-ruko-voditelya-v-nachalnoy-shkole

9. 《班主任在小学生教育工作中的作用》

 《Роль классного руководителя в организации воспитательной работы младших школьников》

http://urok.1sept.ru/%D1%81%D1%82%D0%B0%D1%82%D1%8C%D0%B8/312829/

第五节 俄罗斯学校的教师级别及认证

1.《教育工作者绩效考核的基本原则》

《Базовые принципы проведения аттестации педагогических работников》

2.《必要认证和自愿认证》

《Обязательная и добровольная》

http://www.ug.ru/archive/56217

3.《对教师的认证流程进行了哪些更改》

《Какие изменения внесены в процедуру аттестации учителей》

http://bs-life.ru/rabota/zarplata/atestatsiya-uchiteley.html

4.《关于批准教育活动实施机构对教育工作者进行认证的规定》

（俄联邦科学教育部276号的法令2014年4月7日）

《О утверждении порядка проведения аттестации педагогических работников организаций, осуществляющих образовательную деятельность》

（Министерство образования и науки Российской федерации приказ от 7 апреля 2014 г. №276）

第六节 俄罗斯学校教师的荣誉称号

1.《公共教育中的劳动激励》

《Поощрения за труд в сфере общего образования》

https://fiz.1sept.ru/2003/13/no13_1.htm

2.《俄罗斯联邦荣誉老师》

《Заслуженный учитель Российской Федерации》

https://ru.wikipedia.org/wiki/%D0%97%D0%B0%D1%81%D0%BB%D1%83%D0%B6%D0%B5%D0%BD%D0%BD%D1%8B%D0%B9_%D1%83%D1%87%

D0%B8%D1%82%D0%B5%D0%BB%D1%8C_%D0%A0%D0%BE%D1%81%
D1%81%D0%B8%D0%B9%D1%81%D0%BA%D0%BE%D0%B9_%D0%A4%
D0%B5%D0%B4%D0%B5%D1%80%D0%B0%D1%86%D0%B8%D0%B8

3.《俄罗斯联邦人民教师》

《Народный учитель Российской Федерации》

https://ru.wikipedia.org/wiki/%D0%9D%D0%B0%D1%80%D0%BE%D0%B4%
D0%BD%D1%8B%D0%B9_%D1%83%D1%87%D0%B8%D1%82%D0%BB%
D1%8C_%D0%A0%D0%BE%D1%81%D1%81%D0%B8%D0%B9%D1%81%
D0%BA%D0%BE%D0%B9_%D0%A4%D0%B5%D0%B4%D0%B5%D1%
80%D0%B0%D1%86%D0%B8%D0%B8

第七节 俄罗斯的教师培训

1. 培训的各种类型》

《Разновидности повышения квалификации》

https://edunews.ru/kursy/info/vidy-i-formy-povyshenija-kvalifikacii.html

2.《高级培训的形式和类型》

《Формы повышения квалификаци》

http://www.u-hold.ru/stati/formy-i-vidy-povysheniya-kvalifikatsii/

3.《继续教育是老师的权利和义务》

《Повышение квалификации – и право и обязанность педагога》

https://eduinspector.ru/2017/05/10/povyshenie-kvalifikatsii-i-pravo-i-obya-zannost-pedagoga/

第八节 俄罗斯教师的薪酬和休假

1.《俄罗斯的老师挣多少钱》

《Сколько получают учителя в России》

http://bs-life.ru/rabota/zarplata/uchitelya2019.html

2.《2020年教师的工资》

《Зарплата учителей в 2020 году》

https://www.kp.ru/putevoditel/obrazovanie/zarplata-uchitelej/

3. 《俄罗斯教师的薪酬》

《Зарплаты учителей в России》

https://visasam.ru/russia/rabotavrf/zarplata-uchitelya-v-rossii.html#____2019

4. 《关于享有年度带薪长假的决定》（俄罗斯联邦政府 2015 年 5 月 14 日第 466 号）

《О ежегодных основных удлиненных оплачиваемых отпусках》（Правительства РФ от 14.05.2015 № 466）

5. 《关于教育工作者的工作时间（以工资为标准设定的）及在劳动合同中确定教学负荷的制度》（2014 年 12 月 22 日，俄罗斯联邦科学教育部 1601 号法令）

《О продолжительности рабочего времени (нормах часов педагогической работы за ставку заработной платы) педагогических работников и о порядке определения учебной нагрузки педагогических работников, оговариваемой в трудовом договоре》（Приказ Министерства образования и науки РФ от 22 декабря 2014 г. N 1601）

6. 《教育工作者的假期特点》

《Особенности отпуска педагогических работников》

http://kadriruem.ru/otpusk-pedagogicheskih-rabotnikov/

第九节 俄罗斯中小学教师的业余生活

1. 《为什么老师需要业余时间？》

《Зачем учителю свободное время?》

https://infourok.ru/zachem-uchitelyu-svobodnoe-vremya-278615.html

2. 《老师在假期中到底都做些什么？》

《Чем на самом деле занимаются учителя на каникулах》

https://news.rambler.ru/other/37733197-chem-na-samom-dele-zanimayutsya-

207

uchitelya-na-kanikulah/?updated

第三章　俄罗斯的学校

第一节　俄罗斯教育机构种类

1.《学校类型》

《Типы школ》

https://www.nanya.ru/articles/development_of_the_child/school/469248-tipyi-shkol/

2.《都有什么类型的学校》

《Какие бывают типы школ》

https://edunews.ru/school/docs/tipy-shkol.html

3.《俄罗斯的教育》

《Образование в России》

https://ru.wikipedia.org/wiki/%D0%9E%D0%B1%D1%80%D0%B0%D0%B7% D0%BE% D0%B2%D0%B0%D0%BD% D0%B8%D0%B5_% D0%B2_% D0%A0%D0%BE%D1%81%D1%81%D0%B8%D0%B8

第二节　俄罗斯中小学校的管理机构

1.《莫斯科市国家预算教育机构"109号学校"》

《Государственное бюджетное общеобразовательное учреждение города Москвы "Школа № 109"》

https://co109.mskobr.ru/#/

2.《莫斯科市国家预算教育机构"1302号学校"》

《Государственное бюджетное общеобразовательное учреждение города Москвы "Школа № 1302"》

https://schu1302.mskobr.ru/director/

3.《莫斯科市国家自治教育机构"548号学校"察里津诺》

《Государственное автономное общеобразовательное учреждение города Москвы "Школа № 548 "Царицыно"》

https://cou548.mskobr.ru/sostav_soveta/

4.《圣彼得堡市国家预算教育机构"540学校"》

《Государственное бюджетное общеобразовательное учреждение города Санкт-Петербурга "Школа № 540"》

http://gymnasium540.ru/

第四节 俄罗斯中小学的学制、课程设置及其标准

1.《俄罗斯教育体系的特色》

《Отличительные особенности российской системы образования》

https://edunews.ru/education-abroad/sistema-obrazovaniya/v-rossii.html

2.《把课程表作为教育机构确定工作制度的管理文件》

《Расписание занятий как организационный документ, определяющий режим работы ОУ》

http://urok.1sept.ru/%D1%81%D1%82%D0%B0%D1%82%D1%8C%D0%B8/519295/

3.《俄罗斯联邦国家小学基础教育标准》(俄联邦科学教育部2009年10月6日第373号令)

《Федеральный государственный образовательный стандарт начального общего образования》(Утвержден приказом Министерства образования и науки Российской Федерации от 《6》 октября 2009 г. No 373)

4.《俄罗斯联邦国家初中基础教育标准》(俄联邦科学教育部2010年12月17日第1897号令)

《Федеральный государственный образовательный стандарт основного общего образования》(Утвержден приказом Министерства образования и науки Российской Федерации от 《17》 декабря 2010 г. No 1897)

5.《俄罗斯联邦国家高中中等教育标准》(俄联邦科学教育部2012年5月17日第413号令)

《Федеральный государственный образовательный стандарт средного (полного)общего образования》(Утвержден приказом Министерства образования и науки Российской Федерации от 17 мая 2012 г. № 413)

6.《教育机构条件和培训组织的卫生和流行病学要求》[俄罗斯联邦首席国家卫生医生的决议，2010年12月29日N 189"卫生（卫生和流行病学）规则"2.42.2821-10]

《Санитарно-эпидемиологические требования к условиям и организации обучения в общеобразовательных учреждениях》(Постановление Главного государственного санитарного врача Российской Федерации от 29 декабря 2010 г. N 189 г. Москва "Об утверждении СанПиН" 2.4.2.2821-10)

https://rg.ru/2011/03/16/sanpin-dok.html

第五节 俄罗斯的补充教育(第二课堂)

1.《关于俄罗斯联邦的继续教育制度》

《Все о системе дополнительного образования в Российской Федерации》

https://edunews.ru/education-abroad/sistema-obrazovaniya/dopolnitelnoe.html

2.《继续职业教育制度》

《Система дополнительного профессионального образования》

https://edunews.ru/additional-education/sistema-dopolnitelnogo-obrazovaniya.html

3.《儿童继续教育机构》

《Учреждения дополнительного образования детей》

https://edunews.ru/additional-education/additional-education-1_191.html

4.《关于·课外教育机构》

https://edunews.ru/additional-education/

5.《中小学生的继续教育》

《Дополнительное образование для школьников》

https://edunews.ru/deti/info/do-v-shkole.html

6.《依照联邦国家教育标准开展课外活动的目的和机构》

《Организация и цели внеурочной деятельности в соответствии с ФГОС》

https://zaochnik.com/spravochnik/pedagogika/teorija-vospitanija/organizatsija-i-tseli-vneurochnoj-dejatelnosti/

第六节 俄罗斯的数字学校

1.《俄罗斯电子学校项目已经启动，会被认可吗?》

《Российская Электронная школа. Проект запущен. Апробация продолжается?》

http://didaktor.ru/rossijskaya-elektronnaya-shkola-proekt-zapushhen-aprobaciya-prodolzhaetsya/

2.《俄罗斯电子学校：一种全新的学习形式》

《Российская Электронная школа: принципиально новый формат обучения》

https://fulledu.ru/articles/1413_rossiiskaya-elektronnaya-shkola-principialno-novyi.html

3.《用通俗语言介绍关于"俄罗斯电子学校"项目》

《О проект "Российская Электронная школа" простым языком》

https://resh.edu.ru/about

4.《莫斯科数字学校》

《Московская электронная школа》

https://www.mos.ru/city/projects/mesh/

第七节 俄罗斯学校的选课走班

1.《教育过程的物质和技术支持与设备》

《Материально-техническое обеспечение и оснащенность образовательного процесса》

https://schuc123.mskobr.ru/info_edu/support_and_equipment

211

2.《物理学家不介意歌词》

《Физики не против лириков》

3.《俄罗斯联邦教育部"关于批准中学高年级专业教育方案"令》（2002年7月18日№ 2783）

《Приказ Минобразования РФ от 18 июля 2002 г. N 2783 "Об утверждении Концепции профильного обучения на старшей ступени общего образования"》

https://rg.ru/2018/11/21/reg-urfo/shkolnikam-pridetsia-vybrat-profil-obucheniia-v-deviatom-klasse.html

4.《2019/2020学年10年级的专业教育》

《Профильные 10-е классы 2019/2020 учебного года》

http://docs.cntd.ru/document/901837067

5.《俄罗斯联邦法律 "关于俄罗斯联邦的教育"》（2013年12月29日№273-F3号）

《Об образовании в Российской Федерации》（Федеральный закон Российской Федерации от 29 декабря 2012 г. N 273-ФЗ）

https://pkgodovikov.mskobr.ru/info_edu/classes/opisanie_klassov/profil_nye_10-e_klassy_2017_2018_uchebnogo_goda/

第四章　俄罗斯的教育

第一节 俄罗斯的教育改革

1.《2019年教师的专业标准》

《Профстандарт педагога в 2019 году》

https://2019god.net/novosti/profstandart-pedagoga-v-2019-godu

Профстандарт педагога в 2019 году Источник: 2019年教师的专业标准

2.《关于批准专业标准〈教师（从事教育活动即在学前教育机构、小学、初

中、高中的保育员、教师）〉的决定》（俄罗斯劳动部 2013 年 10 月 18 日第 544н 号）

《Об утверждении профессионального стандарта 〈Педагог (педагогическая деятельность в сфере дошкольного, начального общего, основного общего, среднего общего образования) (воспитатель, учитель)〉》（Приказ Минтруда России №544н от 18 октября 2013 г.）

https://rosmintrud.ru/docs/mintrud/orders/129

3. 《俄罗斯的教育问题》

《Проблемы образования в России》

https://en.ruxpert.ru/User:AlexBond/%D0%9F%D1%80%D0%BE%D0%B1%D0%BB%D0%B5%D0%BC%D1%8B_%D0%BE%D0%B1%D1%80%D0%B0%D0%B7%D0%BE%D0%B2%D0%B0%D0%BD%D0%B8%D1%8F_%D0%B2_%D0%A0%D0%BE%D1%81%D1%81%D0%B8%D0%B8

4. 《俄罗斯苏联与现代教育体系的比较与问题》

《Сравнение и проблематика советской и современной системы образования в России》

http://www.oboznik.ru/?p=52907

5. 《关于俄罗斯联邦法律确定强制普通教育的修正案》（2007 年 7 月 21 日 194 号联邦法）

《О внесении изменений в отдельные законодательные акты РФ в связи с установлением обязательности общего образования》（Федеральный закон от 21.07.2007 N 194-ФЗ）

http://www.consultant.ru/law/hotdocs/2662.html/

6. 《普京签署义务中等教育法》

《Путин подписал закон об обязательном полном среднем образовании》

https://ria.ru/20070724/69529983.html

7. 《俄罗斯的中等教育改革》

《Реформы среднего образования в России》

https://ria.ru/20070724/69556404.html

8.《普京：必须让所有儿童都能接受继续教育》

《Путин: дополнительное образование необходимо сделать доступным для всех детей》

https://nation-news.ru/432607-putin-dopolnitelnoe-obrazovanie-neobkhodimo-sdelat-dostupnym-dlya-vsekh-detei

9.《关于俄罗斯继续教育的改革》

《О реформах дополнительного образования в России》

https://prouchebu.com/dopolnitelnoe_obrazovanie/

10.《俄罗斯联邦教育法》（2012年12月29日273号，2020年2月6日修改）

《Об образовании в Российской Федерации》（N 273-ФЗ от 29 декабря 2012 года с изменениями 2020 года）

http://zakon-ob-obrazovanii.ru/

第二节 俄罗斯中小学的家庭教育

《国家评级机构对于公共教育机构及家庭校内校外互动以形成和促进家庭价值观的调查资料》

https://www.eseur.ru/Materiali_NRA_2018/

第三节 俄罗斯中小学的家校合作

1.《家庭与学校之间的合作是学生成功的关键》

《Сотрудничествосемьи и школы-залог успеха школьника》

2.《协调学校家庭和公共组织的教学活动》

《Координацияпедагогическойдеятельностисемьи,школыиобщественныхорганизаций》

https://gigabaza.ru/doc/73271-p2.html

3.《家庭与学校在抚养孩子方面的合作》

《Совместное сотрудничество семьи и школы в воспитании ребенка》

https://urok.1sept.ru/%D1%81%D1%82%D0%B0%D1%82%D1%8C%D0%B8/

653906/

4. 《相互合作：家庭—父母—学校》

《Взаимосотрудничество: семья-родитель-школа》

http://izron.ru/articles/pedagogika-psikhologiya-i-obrazovanie-ot-teorii-k-praktike-sbornik-nauchnykh-trudov-po-itogam-mezhdu/sektsiya-10-pedagogicheskoe-masterstvo-i-professionalnaya-kompetentnost-pedagoga/vzaimosotrudnichestvo-semya-roditeli-shkola/

5. 《学校与家庭互动的形式》

《Формы взаимодействия школы с семьей》

https://studme.org/46509/pedagogika/formy_vzaimodeystviya_shkoly_semey

6. 《学校与家长互动》

《Взаимодействие школы и родителей》

https://studme.org/215272/sotsiologiya/vzaimodeystvie_shkoly_roditeley#302

7. 《与家长在学校的工作方式》

《Формы работы с родителями в школе》

https://zaochnik.com/spravochnik/pedagogika/teorija-vospitanija/formy-raboty-s-roditelyami-v-shkole/

8. 《家庭与学校的互动》

《Взаимодействие семьи и школы》

http://www.ustschool.edusite.ru/p46aa1/p12aa1.html

第四节 俄罗斯中小学的爱国主义教育

1. 《通过学习地方志进行补充教育》

《Дополнительное образование по краеведению》

https://edunews.ru/additional-education/programma-dopolnitelnogo-obrazovaniya-kraevedenie.html

2. 《学校爱国主义教育的基本方向》

《Основные направления патриотического воспитания в школе》

https://xn--i1abbnckbmcl9fb.xn--p1ai/%D1%81%D1%82%D0%B0%D1%D1%8C%D0%B8/625390/

3.《爱国主义教育是国家未来的重要组成部分》

《Патриотическое воспитание – важная составляющая будущего страны》

https://xn--i1abbnckbmcl9fb.xn--p1ai/%D1%81%D1%82%D0%B0%D1%82%D1%8C%D0%B8/611668/

4.《爱国主义教育是学校使学生形成公民意识的主要方向之一》

《Патриотическое воспитание как одно из основных направлений деятельности школы по формированию у воспитанников гражданского сознания》

https://urok.1sept.ru/%D1%81%D1%82%D0%B0%D1%82%D1%8C%D0%B8/663741/

5.《学校的爱国主义教育》

《Патриотическое воспитание в школе》

https://nsportal.ru/shkola/klassnoe-rukovodstvo/library/2017/10/08/patrioticheskoe-vospitanie-v-shkole-1

第五节 俄罗斯中小学的社会实践活动

1.《通过"2100学校"教学法综合系统进行的社会实践课程（来自大师班的经验）》

《Уроки социальной практики через УМК "Школа – 2100" (из опыта работы мастер-класса)》

УМК——Учебно-методический комплекс 教育方法综合体

https://urok.1sept.ru/%D1%81%D1%82%D0%B0%D1%82%D1%8C%D0%B8/417311/

2.《学校的社会实践（演讲）》

《Социальные практики в школе (презентация)》

https://multiurok.ru/files/sotsial-nyie-praktiki-v-shkolie.html

3. 《社会实践帮助学生成功地适应社会》

《Социальная практика помогает успешной адаптации учащихся в обществе》

https://xn--j1ahfl. xn--p1ai / library / sotcialnaya_praktika_pomogaet_uspesh - noj_adaptatcii_uch_155854.html

4. 《农村社会教育空间中的社会实践》

《Социальная практика в образовательном пространстве сельского социума》

https://urok.1sept.ru/%D1%81%D1%82%D0%B0%D1%82%D1%8C%D0%B8/563581/

5. 《教学法中心"2100学校"》

《Учебно-методический центр "Школа 2100"》

http://school2100.com/school2100/umc/

第六节 世界最强的俄罗斯营地教育

1. 《俄罗斯联邦关于儿童权利的基本保障》(俄罗斯联邦联邦法1998年7月24日124号令)

《Об основных гарантиях прав ребенка в Российской Федерации》

(Российская федерация закон 24 июля 1998 года N 124-ФЗ)

2. 《少年儿童营地》

《Детский лагерь》

https://ru. wikipedia. org / wiki/%D0%94%D0%B5%D1%82%D1%81%D0%BA%D0%B8%D0%B9_%D0%BB%D0%B0%D0%B3%D0%B5%D1%80%D1%8C

3. 《阿纳帕"接班人"营地——全俄罗斯少年儿童中心》

《Детский лагерь "Смена" в Анапе (Сукко) — Всероссийский детский центр》

https://anapacity.com/detskie-lagerya-v-anape/lager-smena-anapa.html

4. 《全俄罗斯少年儿童中心"小鹰"》

《Всероссийский детский центр "Орлёнок"》

https://center-orlyonok.ru/

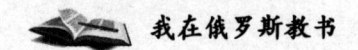

5. 《全俄罗斯少年儿童中心"海洋"》

《Всероссийский детский центр "Океан"》

https://okean.org/

6. 《国际少年儿童中心阿尔杰克》

《Международный детский центр "Артек"》

https://artek.org/